English - French

HSK
Chinese Proficiency Test
汉语水平考试
Level

1-6

D1718788

#1 HSK1 爱 ài to love, affection *aimer*	**#2** HSK1 八 bā eight, 8 *huit*	**#3** HSK1 爸爸 bà ba father (informal) *père*	**#4** HSK1 杯子 bēi zi cup, glass, CL:个 ,支 *tasse*	**#5** HSK1 北京 běi jīng Beijing *Pékin*
#6 HSK1 本 běn origin, source *origine*	**#7** HSK1 不客气 bú kè qi you're welcome, it's my pleasure *de rien*	**#8** HSK1 不 bù not (negative prefix), no *non*	**#9** HSK1 菜 cài dish (type of food) *des légumes*	**#10** HSK1 茶 chá tea, tea plant, CL:杯 ,壶 *thé*
#11 HSK1 吃 chī to eat, to have one's meal *manger*	**#12** HSK1 出租车 chū zū chē taxi *Taxi*	**#13** HSK1 打电话 dǎ diàn huà to make a phone call *Téléphoner*	**#14** HSK1 大 dà , great, wide, deep *gros*	**#15** HSK1 点 diǎn a little, a bit, drop (of liquid) *un peu*
#16 HSK1 电脑 diàn nǎo computer, CL:台 *ordinateur*	**#17** HSK1 电视 diàn shì television, TV, CL:台 ,个 *télévision*	**#18** HSK1 电影 diàn yǐng movie, film *film*	**#19** HSK1 东西 dōng xi thing, stuff, person *chose*	**#20** HSK1 都 dōu all, both, entirely (due to) each *tous les deux*

#21 HSK1	#22 HSK1	#23 HSK1	#24 HSK1	#25 HSK1
读 dú to read, to study *lire*	对不起 duì bu qǐ I'm sorry, excuse me *Excusez-moi*	多 duō many, much, a lot of *beaucoup de*	多少 duō shǎo how much, how many *combien*	儿子 ér zi son *fils*

#26 HSK1	#27 HSK1	#28 HSK1	#29 HSK1	#30 HSK1
二 èr two, 2, stupid (Beijing dialect) *deux*	饭店 fàn diàn restaurant, hotel *restaurant*	飞机 fēi jī airplane, CL: 架 *avion*	分钟 fēn zhōng minute *minute*	高兴 gāo xìng happy, in a cheerful mood *content*

#31 HSK1	#32 HSK1	#33 HSK1	#34 HSK1	#35 HSK1
工作 gōng zuò job, work, construction, task *emploi*	狗 gǒu dog, CL:只 ,条 *chien*	汉语 hàn yǔ Chinese language *langue chinoise*	好 hǎo good, well, proper *bien*	号 hào day of a month *Date*

#36 HSK1	#37 HSK1	#38 HSK1	#39 HSK1	#40 HSK1
喝 hē to drink, to shout (a command) *boire*	和 hé and, together with, with, sum *et*	很 hěn very, (adverb of degree) *très*	后面 hòu miàn rear, back, behind, later *derrière*	回 huí to go back, to turn around *retourner*

#41 HSK1	#42 HSK1	#43 HSK1	#44 HSK1	#45 HSK1
会 huì to assemble, to meet *rencontrer*	几 jǐ how much, how many, several, a few *combien*	家 jiā home, family *Accueil*	叫 jiào to call, to shout, to order *crier*	今天 jīn tiān today, at the present *aujourd'hui*
#46 HSK1	#47 HSK1	#48 HSK1	#49 HSK1	#50 HSK1
九 jiǔ nine, 9 *neuf*	开 kāi to open, to start, to turn on *ouvrir*	看 kàn to look at *regarder*	看见 kàn jiàn to see, to catch sight of *à voir*	来 lái to come, to arrive, next *venir*
#51 HSK1	#52 HSK1	#53 HSK1	#54 HSK1	#55 HSK1
老师 lǎo shī teacher, CL:个,位 *prof*	冷 lěng cold *du froid*	里 lǐ inside, lining, interior, internal *à l'intérieur*	六 liù six, 6 *six*	妈妈 mā ma mum, mama, mommy, mother *mère*
#56 HSK1	#57 HSK1	#58 HSK1	#59 HSK1	#60 HSK1
买 mǎi to buy, to purchase *acheter*	猫 māo cat, CL:只 *chat*	没关系 méi guān xi it doesn't matter *ça n'a pas d'importance*	没有 méi yǒu haven't, hasn't, doesn't exist *n'a pas*	米饭 mǐ fàn (cooked) rice *riz*

#61 HSK1	#62 HSK1	#63 HSK1	#64 HSK1	#65 HSK1
名字	明天	哪	哪儿	那
míng zi	míng tiān	nǎ	nǎ er	nà
name (of a person or thing)	tomorrow	which? (interrogative),	where?, wherever, anywhere	that, those, then (in that case)
Nom	*demain*	*lequel?*	*où?*	*ceux*

#66 HSK1	#67 HSK1	#68 HSK1	#69 HSK1	#70 HSK1
能	你	年	女儿	朋友
néng	nǐ	nián	nǚ ér	péng you
to be able to, to be capable of	you (informal)	year, CL:个	daughter	friend, CL:个 ,位
aptitude	*vous*	*année*	*fille*	*ami*

#71 HSK1	#72 HSK1	#73 HSK1	#74 HSK1	#75 HSK1
漂亮	苹果	七	前面	钱
piào liang	píng guǒ	qī	qián miàn	qián
pretty, beautiful	apple, CL:个 ,颗	seven, 7	ahead, in front, preceding, above	coin, money, CL:笔
jolie	*Pomme*	*Sept*	*devant*	*argent*

#76 HSK1	#77 HSK1	#78 HSK1	#79 HSK1	#80 HSK1
请	去	热	人	认识
qǐng	qù	rè	rén	rèn shi
to ask, to invite, please (do sth)	to go, to go to (a place)	heat, to heat up, fervent	man, person, people	to know, to recognize
demander	*aller*	*chaud*	*gens*	*à savoir*

#81 HSK1	#82 HSK1	#83 HSK1	#84 HSK1	#85 HSK1
三	商店	上	上午	少
sān	shāng diàn	shàng	shàng wǔ	shǎo
three, 3	store, shop, CL:家,个	on	morning, CL:个	few, little, lack
Trois	*magasin*	*sur*	*Matin*	*peu*

#86 HSK1	#87 HSK1	#88 HSK1	#89 HSK1	#90 HSK1
谁	什么	十	时候	是
shéi	shén me	shí	shí hou	shì
who, also pronounced shui2	what?, who?, something, anything	ten, 10	time, length of time	to be, yes
qui?	*quelle?*	*Dix*	*période*	*Oui*

#91 HSK1	#92 HSK1	#93 HSK1	#94 HSK1	#95 HSK1
书	水	水果	睡觉	说
shū	shuǐ	shuǐguǒ	shuì jiào	shuō
book, letter	water, river, liquid, beverage	fruit	to go to bed, to go to sleep	to speak, to say, to explain
livre	*l'eau*	*fruit*	*aller dormir*	*parler*

#96 HSK1	#97 HSK1	#98 HSK1	#99 HSK1	#100 HSK1
四	岁	他	她	太
sì	suì	tā	tā	tài
four, 4	classifier for years (of age)	he or him	she	too (much), very, extremely
quatre	*âge*	*il*	*elle*	*le plus grand*

#101 HSK1	#102 HSK1	#103 HSK1	#104 HSK1	#105 HSK1
天气	听	同学	喂	我
tiān qì	tīng	tóng xué	wèi	wǒ
weather	to listen, to hear, to obey	(fellow) classmate	hello , hey	I, me, my
temps	*entendre*	*camarade de classe*	*Bonjour*	*je*

#106 HSK1	#107 HSK1	#108 HSK1	#109 HSK1	#110 HSK1
我们	五	喜欢	下	下午
wǒ men	wǔ	xǐ huan	xià	xià wǔ
we, us, ourselves, our	five, 5	to like, to be fond of	down, downwards, below, lower	afternoon, p.m., CL:个
nous	*cinq*	*aimer*	*vers le bas*	*après midi*

#111 HSK1	#112 HSK1	#113 HSK1	#114 HSK1	#115 HSK1
下雨	先生	现在	想	小
xià yǔ	xiān sheng	xiàn zài	xiǎng	xiǎo
to rain, rainy	Mister (Mr.), husband	now, at present, at the moment	to think, to believe	small, tiny, young
pleuvoir	*mari*	*maintenant*	*penser*	*petit*

#116 HSK1	#117 HSK1	#118 HSK1	#119 HSK1	#120 HSK1
小姐	些	写	谢谢	星期
xiǎo jie	xiē	xiě	xiè xie	xīng qī
young lady, Miss	some, few, several	to write	to thank, thanks	week, CL:个
Dame	*peu*	*écrire*	*remercier*	*la semaine*

#121 HSK1	#122 HSK1	#123 HSK1	#124 HSK1	#125 HSK1
学生 xué sheng student, school child *étudiant*	学习 xué xí to learn, to study *apprendre*	学校 xué xiào school, CL:所 *école*	一 yī one, 1, single, a (article) *un*	一点儿 yī diǎn er a little (bit) *un peu*
#126 HSK1	#127 HSK1	#128 HSK1	#129 HSK1	#130 HSK1
医生 yī shēng doctor *médecin*	医院 yī yuàn hospital *hôpital*	衣服 yī fu clothes, CL:件 ,套 *vêtements*	椅子 yǐ zi chair, CL:把 ,套 *chaise*	有 yǒu to have, there is, there are *avoir*
#131 HSK1	#132 HSK1	#133 HSK1	#134 HSK1	#135 HSK1
月 yuè month, moon, CL:个 ,轮 *mois*	再见 zài jiàn goodbye, see you again later *Au revoir*	在 zài (located) at, (to be) in, to exist *à*	怎么 zěn me how?, what?, why? *Comment?*	怎么样 zěn me yàng how are things? how?, how about? *comment était-ce?*
#136 HSK1	#137 HSK1	#138 HSK1	#139 HSK1	#140 HSK1
这 zhè this, these *cette*	中国 zhōng guó China, Middle Kingdom *Chine*	中午 zhōng wǔ noon, midday, CL:个 *le midi*	住 zhù to live, to dwell, to stay *vivre*	桌子 zhuō zi table, desk, CL:张 ,套 *table*

#141 HSK1	#142 HSK1	#143 HSK1	#144 HSK1	#145 HSK2
字	昨天	做	坐	一下
zì	zuó tiān	zuò	zuò	yī xià
letter, character, word	yesterday	to do, to make, to produce	to sit, to take a seat	give it a go
lettre	*hier*	*faire*	*s'asseoir*	*faire*

#146 HSK2	#147 HSK2	#148 HSK2	#149 HSK2	#150 HSK2
一起	丈夫	上班	两	为什么
yī qǐ	zhàng fu	shàng bān	liǎng	wèi shén me
together, in the same place	husband, CL:个	to go to work, to be on duty	two (quantities), both	for what reason?, why?
ensemble	*mari*	*aller au travail*	*deux*	*Pourquoi?*

#151 HSK2	#152 HSK2	#153 HSK2	#154 HSK2	#155 HSK2
也	事情	介绍	从	件
yě	shì qing	jiè shào	cóng	jiàn
also, too	affair, matter, thing, business	to present, to introduce	from, via, passing through	item, classifier for events
aussi	*affaires*	*Présenter*	*de*	*article*

#156 HSK2	#157 HSK2	#158 HSK2	#159 HSK2	#160 HSK2
休息	便宜	公共汽车	公司	再
xiū xi	pián yi	gōng gòng qì chē	gōng sī	zài
rest, to rest	cheap, inexpensive	bus, CL:辆,班	(business) company, company	again, once more
se reposer	*pas cher*	*autobus*	*entreprise*	*encore*

#161 HSK2	#162 HSK2	#163 HSK2	#164 HSK2	#165 HSK2
准备	出	别	到	千
zhǔn bèi	chū	bié	dào	qiān
preparation, prepare	to go out, to come out, to occur	, to separate, to distinguish	to (a place), until (a time)	thousand
préparer	*arriver*	*séparer*	*arriver*	*mille*

#166 HSK2	#167 HSK2	#168 HSK2	#169 HSK2	#170 HSK2
卖	去年	可以	可能	右边
mài	qù nián	kě yǐ	kě néng	yòu bian
to sell, to betray	last year	can, may, possible, able to	might (happen), possible	right side, right, to the right
vendre	*l'année dernière*	*capable de*	*possible*	*côté droit*

#171 HSK2	#172 HSK2	#173 HSK2	#174 HSK2	#175 HSK2
告诉	咖啡	哥哥	唱歌	因为…所以…
gào su	kā fēi	gē ge	chàng gē	yīn wèi …suǒ yǐ …
to tell, to inform, to let know	coffee, CL:杯	older brother, CL:个,位	to sing a song	because… thus…
dire	*café*	*grand frère*	*chanter une chanson*	*car*

#176 HSK2	#177 HSK2	#178 HSK2	#179 HSK2	#180 HSK2
外	大家	女	好吃	妹妹
wài	dà jiā	nǚ	hǎo chī	mèi mei
outside, in addition	everyone	female, woman, daughter,	tasty, delicious	younger sister, younger woman
en outre	*toutes les personnes*	*femme*	*délicieux*	*sœur cadette*

#181 HSK2	#182 HSK2	#183 HSK2	#184 HSK2	#185 HSK2
妻子	姐姐	姓	孩子	它
qī zi	jiě jie	xìng	hái zi	tā
wife, CL:个	older sister, CL:个	family name, surname, name, CL:个	child	it (inanimate thing or animal)
épouse	*sœur aînée*	*nom de famille*	*enfant*	*il*

#186 HSK2	#187 HSK2	#188 HSK2	#189 HSK2	#190 HSK2
完	宾馆	对	对	小时
wán	bīn guǎn	duì	duì	xiǎo shí
to finish, to be over, whole	guesthouse, CL:个,家	towards, at, for	right, correct	hour, CL:个
pour finir	*maison des invités*	*vers*	*correct*	*heure*

#191 HSK2	#192 HSK2	#193 HSK2	#194 HSK2	#195 HSK2
就	左边	已经	希望	帮助
jiù	zuǒ bian	yǐ jīng	xī wàng	bāng zhù
just (emphasis), at once	left, the left side	already	to wish for, to desire, hope CL:个	assistance, aid, to help
immediatement	*côté gauche*	*déjà*	*espérer*	*aider*

#196 HSK2	#197 HSK2	#198 HSK2	#199 HSK2	#200 HSK2
开始	弟弟	往	忙	快
kāi shǐ	dì di	wǎng	máng	kuài
to begin, beginning, to start	younger brother, CL:个,位	to go (in a direction), towards	busy, hurriedly	rapid, quick, speed, rate, soon
commencer	*frère cadet*	*précédent*	*occupé*	*rapide*

#201 HSK2	#202 HSK2	#203 HSK2	#204 HSK2	#205 HSK2
快乐	您	意思	慢	懂
kuài lè	nín	yì si	màn	dǒng
happy, merry	you (polite)	idea, opinion, meaning	slow	to understand, to know
content	*vous*	*opinion*	*lent*	*à savoir*

#206 HSK2	#207 HSK2	#208 HSK2	#209 HSK2	#210 HSK2
房间	手机	手表	打篮球	找
fáng jiān	shǒu jī	shǒu biāo	dǎ lán qiú	zhǎo
room, CL:间	cell phone, cellular phone	wrist watch	play basketball	to try to find, to look for
pièce	*téléphone portable*	*montre-bracelet*	*jouer au basket*	*chercher*

#211 HSK2	#212 HSK2	#213 HSK2	#214 HSK2	#215 HSK2
报纸	教室	新	旁边	旅游
bào zhǐ	jiào shì	xīn	páng biān	lv3 yóu
newspaper	classroom, CL:间	new, newly, meso-(chemistry)	lateral, side, to the side, beside	trip, journey, tourism, travel
journal	*salle de cours*	*Nouveau*	*à côté de*	*tourisme*

#216 HSK2	#217 HSK2	#218 HSK2	#219 HSK2	#220 HSK2
日	早上	时间	晚上	晴
rì	zǎo shang	shí jiān	wǎn shang	qíng
day,date, sun, abbr. for 日本 Japan	early morning, Good morning!, CL:个	time, period, CL:段	in the evening, CL:个	clear, fine (weather)
journée	*Matin*	*temps*	*soir*	*clair*

#221 HSK2	#222 HSK2	#223 HSK2	#224 HSK2	#225 HSK2
最	服务员	机场	次	正在
zuì	fú wù yuán	jī chǎng	cì	zhèng zài
most, the most, -est	waiter, waitress, attendant, CL:个	airport, airfield	next in sequence, second	in the process of
plus	*serveur*	*aéroport*	*seconde*	*dans le processus de*

#226 HSK2	#227 HSK2	#228 HSK2	#229 HSK2	#230 HSK2
每	洗	游泳	火车站	牛奶
měi	xǐ	yóu yǒng	huǒ chē zhàn	niú nǎi
each, every	to wash, to bathe	swim	train station	cow's milk, CL:瓶 ,杯
chaque	*laver*	*nager*	*gare*	*lait de vache*

#231 HSK2	#232 HSK2	#233 HSK2	#234 HSK2	#235 HSK2
玩	生日	生病	男	白
wán	shēng rì	shēng bìng	nán	bái
to keep sth for entertainment	birthday, CL:个	to fall ill, to sicken	male, CL:個|个,	white, snowy, pure, bright
jouer	*anniversaire*	*malade*	*Masculin*	*blanc*

#236 HSK2	#237 HSK2	#238 HSK2	#239 HSK2	#240 HSK2
百	真	眼睛	知道	票
bǎi	zhēn	yǎn jing	zhī dào	piào
hundred, numerous, all kinds of	really, truly, indeed, real	eye, CL:只 ,双	to know, to be aware of	amateur performance of Chinese opera
cent	*vraiment*	*œil*	*à savoir*	*billet*

#241 HSK2	#242 HSK2	#243 HSK2	#244 HSK2	#245 HSK2
离	穿	笑	第一	等
lí	chuān	xiào	dì yī	děng
to leave, to part from	to wear, to put on, to dress	laugh, smile, CL:个	first, number one	to wait for, to await, class
partir	*porter*	*rire*	*premier*	*attendre pour*

#246 HSK2	#247 HSK2	#248 HSK2	#249 HSK2	#250 HSK2
累	红	给	羊肉	考试
lèi	hóng	gěi	yáng ròu	kǎo shì
tired, weary, to strain	red, bonus, popular, revolutionary	to (someone), for, to give	mutton	exam, CL:次
fatigué	*rouge*	*donner*	*viande de mouton*	*examen*

#251 HSK2	#252 HSK2	#253 HSK2	#254 HSK2	#255 HSK2
药	虽然…但是…	西瓜	要	觉得
yào	suī rán …dàn shì …	xī guā	yào	jué de
medicine, drug, cure	although…still…	watermelon, CL:条	to want, important	to think, to feel
drogue	*bien que*	*pastèque*	*vouloir*	*penser*

#256 HSK2	#257 HSK2	#258 HSK2	#259 HSK2	#260 HSK2
让	说话	课	贵	走
ràng	shuō huà	kè	guì	zǒu
to permit, to let sb do sth	to speak, to say, to talk	subject	expensive, noble	to walk, to go, to run
permettre	*dire*	*matière*	*coûteux*	*marcher*

#261 HSK2	#262 HSK2	#263 HSK2	#264 HSK2	#265 HSK2
起床	跑步	路	跳舞	踢足球
qǐ chuáng	pǎo bù	lù	tiào wǔ	tī zú qiú
to get up	to walk quickly, to march, to run	road, path, way, CL:条	to dance	play soccer (football)
se lever	*courir*	*route*	*danser*	*jouer au foot*

#266 HSK2	#267 HSK2	#268 HSK2	#269 HSK2	#270 HSK2
身体	运动	近	还	进
shēn tǐ	yùn dòng	jìn	hái	jìn
(human) body, health, CL:个	movement, campaign, sports	near, close to, approximately	yet, even more, still more	to enter, to advance
santé	*des sports*	*près*	*encore*	*entrer*

#271 HSK2	#272 HSK2	#273 HSK2	#274 HSK2	#275 HSK2
远	送	铅笔	错	长
yuǎn	sòng	qiān bǐ	cuò	cháng
far, distant, remote	to deliver, to carry	(lead) pencil	mistake, error, uneven, wrong	long, length
loin	*livrer*	*crayon*	*erreur*	*longue*

#276 HSK2	#277 HSK2	#278 HSK2	#279 HSK2	#280 HSK2
门	问	问题	阴	雪
mén	wèn	wèn tí	yīn	xuě
gate, doo, gateway, doorway	to ask	question, problem, issue	overcast (weather), cloudy	snow, snowfall, to clean
porte	*demander*	*question*	*nuageux*	*neige*

#281 HSK2	#282 HSK2	#283 HSK2	#284 HSK2	#285 HSK2
零	非常	面条	题	颜色
líng	fēi cháng	miàn tiáo	tí	yán sè
zero, nought, zero sign	extraordinary, unusual	noodles	topic, exam question, subject	color, CL:个
zéro	très	nouilles	sujet	Couleur

#286 HSK2	#287 HSK2	#288 HSK2	#289 HSK2	#290 HSK3
高	鱼	鸡蛋	黑	阿姨
gāo	yú	jī dàn	hēi	ā yí
high, tall, above average, loud	fish, CL:条,尾	(chicken) egg, hen's egg,	black, dark	maternal aunt, step-mother
grand	poisson	Oeuf	noir	tante

#291 HSK3	#292 HSK3	#293 HSK3	#294 HSK3	#295 HSK3
矮	爱好	安静	把	搬
ǎi	ài hào	ān jìng	bǎ	bān
low, short (in length)	interest, hobby, appetite for, CL:个	quiet, peaceful, calm	to hold, to contain	to move, to shift
court	loisir	paisible	tenir	bouger

#296 HSK3	#297 HSK3	#298 HSK3	#299 HSK3	#300 HSK3
班	办法	办公室	半	帮忙
bān	bàn fǎ	bàn gōng shì	bàn	bāng máng
team, class, squad, work shift	means, method, way (of doing sth)	an office, a bureau, CL:间	half, semi-, incomplete	to help, to lend a hand
équipe	méthode	affaires	moitié	prêter

#301 HSK3	#302 HSK3	#303 HSK3	#304 HSK3	#305 HSK3
包	饱	北方	被	鼻子
bāo	bǎo	běi fāng	bèi	bí zi
to cover, to wrap, to hold	to eat till full, satisfied	China north of the Yellow River	by (indicates passive-voice)	nose, CL:个,只
couvrir	*manger jusqu'à satiété*	*Nord*	*par*	*nez*

#306 HSK3	#307 HSK3	#308 HSK3	#309 HSK3	#310 HSK3
比较	比赛	笔记本	必须	变化
bǐ jiào	bǐ sài	bǐ jì běn	bì xū	biàn huà
compare, contrast, fairly	competition (sports etc)	notebook, CL:本	to have to, must	change, variation, to change
comparer	*compétition*	*carnet*	*obligatoire*	*changement*

#311 HSK3	#312 HSK3	#313 HSK3	#314 HSK3	#315 HSK3
别人	冰箱	不但…而且…	菜单	参加
bié rén	bīng xiāng	bù dàn …ér qiě …	cài dān	cān jiā
others	icebox, freezer cabinet	not only ... but also...	menu, CL:份 ,张	to participate, to take part
autres	*réfrigérateur*	*pas seulement*	*menu*	*joindre*

#316 HSK3	#317 HSK3	#318 HSK3	#319 HSK3	#320 HSK3
草	层	差	超市	衬衫
cǎo	céng	chà	chāo shì	chèn shān
grass, straw, manuscript	layer, stratum, laminated	differ from, short of, to lack	supermarket (abbr.), CL:家	shirt, blouse, CL:件
herbe	*sol*	*manquer*	*supermarché*	*chemise*

#321 HSK3	#322 HSK3	#323 HSK3	#324 HSK3	#325 HSK3
城市	成绩	迟到	除了	船
chéng shì	chéng jì	chí dào	chú le	chuán
city, town, CL:座	achievement, CL:项 ,个	to arrive late	besides, apart from (... also...)	a boat, vessel, ship
ville	*réussite*	*Arriver en retard*	*outre*	*bateau*

#326 HSK3	#327 HSK3	#328 HSK3	#329 HSK3	#330 HSK3
春	词典	聪明	打扫	打算
chūn	cí diǎn	cōng ming	dǎ sǎo	dǎ suàn
spring (time), gay, joyful	dictionary , CL:部 ,本	acute (of sight and hearing)	to clean, to sweep	to plan, to intend, calculation
joyeux	*dictionnaire*	*intelligent*	*nettoyer*	*planifier*

#331 HSK3	#332 HSK3	#333 HSK3	#334 HSK3	#335 HSK3
带	担心	蛋糕	当然	灯
dài	dān xīn	dàn gāo	dāng rán	dēng
band, belt, tire, area	anxious, worried, uneasy	cake, CL:块 ,个	of course, without doubt	lamp, light, lantern, CL:盏
ceinture	*inquiet*	*gâteau*	*bien sûr*	*lampe*

#336 HSK3	#337 HSK3	#338 HSK3	#339 HSK3	#340 HSK3
地方	地铁	地图	电梯	电子邮件
dì fang	dì tiě	dì tú	diàn tī	diàn zǐ yóu jiàn
region, regional	subway, metro	map, CL:张 ,本	elevator, CL:台 ,部	electronic mail, email, CL:封
Région	*métro*	*carte*	*ascenseur*	*email*

#341 HSK3	#342 HSK3	#343 HSK3	#344 HSK3	#345 HSK3
东	冬	动物	短	段
dōng	dōng	dòng wù	duǎn	duàn
east, host	winter	animal, CL:只 ,群 ,个	short or brief, to lack	paragraph, section, segment
est	*hiver*	*animal*	*bref*	*paragraphe*

#346 HSK3	#347 HSK3	#348 HSK3	#349 HSK3	#350 HSK3
锻炼	多么	饿	耳朵	发
duàn liàn	duō me	è a	ěr duo	fā
to engage in physical exercise	how (wonderful etc)	to be hungry, hungry	ear, CL:只 ,个,对	to send out, to issue
tempérer	*Comment*	*faim*	*oreille*	*envoyer*

#351 HSK3	#352 HSK3	#353 HSK3	#354 HSK3	#355 HSK3
发烧	发现	方便	放	放心
fā shāo	fā xiàn	fāng biàn	fàng	fàng xīn
have a high temperature	to find, to discover	convenient, to help out	to release, to free, to let go	to set one's mind at rest
avoir une fièvre	*découvrir*	*pratique*	*libérer*	*se reposer*

#356 HSK3	#357 HSK3	#358 HSK3	#359 HSK3	#360 HSK3
分	复习	附近	干净	感冒
fēn	fù xí	fù jìn	gān jìng	gǎn mào
to divide, to separate	to revise, to review	(in the) vicinity, nearby	neat and tidy, clean	to catch cold
diviser	*réviser*	*voisin*	*rangé*	*prendre froid*

#361 HSK3	#362 HSK3	#363 HSK3	#364 HSK3	#365 HSK3
感兴趣	刚才	个子	根据	跟
gǎn xìng qù	gāng cái	gè zi	gēn jù	gēn
to be interested,	just now, a moment ago	height, stature, build, size	according to, based on, basis	with (someone), towards
être intéressé	*juste maintenant*	*la taille*	*base*	*avec*

#366 HSK3	#367 HSK3	#368 HSK3	#369 HSK3	#370 HSK3
更	公斤	公园	故事	刮风
gèng	gōng jīn	gōng yuán	gù shi	guā fēng
more, still more, even more	kilogram (kg)	public park, CL:场	story, tale, narrative	to be windy
plus	*kilogramme*	*parc public*	*récit*	*être venteux*

#371 HSK3	#372 HSK3	#373 HSK3	#374 HSK3	#375 HSK3
关	关心	关于	国家	过
guān	guān xīn	guān yú	guó jiā	guò
to close, to shut, to turn off	to care for sth, caring, concerned	pertaining to, concerning	country, nation, state, CL:个	to cross, to go over
éteindre	*concerné*	*concernant*	*pays*	*passer*

#376 HSK3	#377 HSK3	#378 HSK3	#379 HSK3	#380 HSK3
过去	还是	害怕	黑板	后来
guò qu	hái shì	hài pà	hēi bǎn	hòu lái
(in the) past, former, previous	or, still, nevertheless	to be afraid, to be scared	blackboard, CL:块,个	afterwards, later
précédent	*ou*	*être effrayé*	*tableau noir*	*plus tard*

#381 HSK3	#382 HSK3	#383 HSK3	#384 HSK3	#385 HSK3
护照	花	花	画	坏
hù zhào	huā	huā	huà	huài
passport, CL:本 ,个	to blossom, to spend (money, time)	flower, blossoms, bloom	to draw, picture, painting	bad, spoiled, broken, to break down
passeport	*dépenser*	*fleurir*	*dessiner*	*mal*

#386 HSK3	#387 HSK3	#388 HSK3	#389 HSK3	#390 HSK3
欢迎	环境	还	换	黄河
huān yíng	huán jìng	huán	huàn	huáng hé
to welcome, welcome	environment, surroundings	to come back, to give back	change, exchange	Yellow River
Bienvenue	*environnement*	*rendre*	*changement*	*rivière Jaune*

#391 HSK3	#392 HSK3	#393 HSK3	#394 HSK3	#395 HSK3
回答	会议	或者	几乎	机会
huí dá	huì yì	huò zhě	jī hū	jī huì
to reply, to answer, the answer	meeting, conference	or, possibly, maybe, perhaps	almost, nearly, practically	opportunity, chance, occasion, CL:个
répondre	*réunion*	*peut être*	*presque*	*opportunité*

#396 HSK3	#397 HSK3	#398 HSK3	#399 HSK3	#400 HSK3
极	季节	记得	检查	简单
jí	jì jié	jì de	jiǎn chá	jiǎn dān
extremely, utmost, top	time, season, period, CL:个	to remember	inspection, to examine	simple, not complicated
extrêmement	*saison*	*se souvenir*	*inspecter*	*Facile*

#401 HSK3	#402 HSK3	#403 HSK3	#404 HSK3	#405 HSK3
健康	见面	讲	教	脚
jiàn kāng	jiàn miàn	jiǎng	jiào	jiǎo
health, healthy	to meet, to see sb, CL:次	to explain, to speak, speech	to teach	foot, leg, base, kick
en bonne santé	*rencontrer*	*expliquer*	*enseigner*	*pied*

#406 HSK3	#407 HSK3	#408 HSK3	#409 HSK3	#410 HSK3
角	接	街道	结婚	结束
jiǎo	jiē	jiē dào	jié hūn	jié shù
horn, angle, corner	to receive, to answer	street, CL:条	to marry, to get married, CL:次	to finish, to end, to conclude
coin	*recevoir*	*rue*	*se marier*	*pour finir*

#411 HSK3	#412 HSK3	#413 HSK3	#414 HSK3	#415 HSK3
节目	节日	解决	借	经常
jié mù	jié rì	jiě jué	jiè	jīng cháng
program, item (on a program)	holiday, festival, CL:个	to settle (a dispute), to resolve	to lend, to borrow, excuse	day to day, everyday, daily
programme	*vacances*	*résoudre*	*emprunter*	*tous les jours*

#416 HSK3	#417 HSK3	#418 HSK3	#419 HSK3	#420 HSK3
经过	经理	久	旧	句子
jīng guò	jīng lǐ	jiǔ	jiù	jù zi
to pass, to go through, process	manager, director	(long) time	old, opposite: new 新, former	sentence, CL:个
passer par	*directeur*	*durée du temps*	*usé*	*phrase*

#421 HSK3	#422 HSK3	#423 HSK3	#424 HSK3	#425 HSK3
决定	可爱	渴	刻	客人
jué dìng	kě ài	kě	kè	kè rén
to decide (to do something)	amiable, cute, lovely	thirsty	quarter (hour), moment, to carve	visitor, guest, customer
decider	mignonne	soif	trimestre	visiteur

#426 HSK3	#427 HSK3	#428 HSK3	#429 HSK3	#430 HSK3
空调	口	哭	裤子	筷子
kōng tiáo	kǒu	kū	kù zi	kuài zi
air conditioning	classifier for things with mouths	to cry, to weep	trousers, pants, CL:条	chopsticks
climatisation	bouche	pleurer	pantalon	baguettes

#431 HSK3	#432 HSK3	#433 HSK3	#434 HSK3	#435 HSK3
蓝	老	离开	礼物	历史
lán	lǎo	lí kāi	lǐ wù	lì shǐ
blue, indigo plant	old (of people), venerable (person)	to depart, to leave	gift, present	History, CL:门 ,段
bleu	vieux	partir	cadeau	histoire

#436 HSK3	#437 HSK3	#438 HSK3	#439 HSK3	#440 HSK3
脸	练习	聊天	了解	邻居
liǎn	liàn xí	liáo tiān	liǎo jiě	lín jū
face, CL:张 ,个	exercise, drill, practice, CL:个	to chat, to gossip	to understand, to realize	neighbor, next door, CL:个
visage	entraine toi	bavarder	réaliser	voisin

#441 HSK3	#442 HSK3	#443 HSK3	#444 HSK3	#445 HSK3
留学	楼	绿	马	马上
liú xué	lóu	lv4	mǎ	mǎ shàng
to study abroad	house with more than 1 story	green	horse, abbr. for Malaysia,CL:匹	right away, at once, immediately
étudier à l'étranger	*sol*	*vert*	*cheval*	*immédiatement*

#446 HSK3	#447 HSK3	#448 HSK3	#449 HSK3	#450 HSK3
满意	帽子	米	面包	明白
mǎn yì	mào zi	mǐ	miàn bāo	míng bai
satisfied, pleased	hat, cap, CL:顶	rice, meter (classifier), CL:粒	bread	to understand (clearly)
satisfait	*chapeau*	*riz*	*pain*	*comprendre*

#451 HSK3	#452 HSK3	#453 HSK3	#454 HSK3	#455 HSK3
拿	奶奶	南	难	难过
ná	nǎi nai	nán	nán	nán guò
to hold, to seize, to catch	(informal) father's mother	south	difficult (to...), problem	feel sorry, be grieved
tenir	*grand-mère*	*Sud*	*difficile*	*Se sentir désolé*

#456 HSK3	#457 HSK3	#458 HSK3	#459 HSK3	#460 HSK3
年级	年轻	鸟	努力	爬山
nián jí	nián qīng	niǎo	nǔ lì	pá shān
grade, CL:个	young	bird, CL:只 ,群	great effort, to strive	to climb a mountain
classe	*Jeune*	*oiseau*	*s'efforcer*	*randonnée*

#461 HSK3	#462 HSK3	#463 HSK3	#464 HSK3	#465 HSK3
盘子	**胖**	**啤酒**	**皮鞋**	**瓶子**
pán zi	pàng	pí jiǔ	pí xié	píng zi
plate, tray, dish	fat, plump	beer	leather shoes	bottle, CL:个
assiette	*graisse*	*Bière*	*chaussures en cuir*	*bouteille*

#466 HSK3	#467 HSK3	#468 HSK3	#469 HSK3	#470 HSK3
其实	**其他**	**奇怪**	**骑**	**起飞**
qí shí	qí tā	qí guài	qí	qǐ fēi
actually, in fact, really	other, the others	strange, odd	to ride (an animal or bike)	to take off (in an airplane)
réellement	*autre*	*impair*	*conduire*	*décoller*

#471 HSK3	#472 HSK3	#473 HSK3	#474 HSK3	#475 HSK3
起来	**清楚**	**请假**	**秋**	**裙子**
qǐ lái	qīng chu	qǐng jià	qiū	qún zi
beginning or continuing an action	clearly understood, clear	ask for time off	autumn, fall, harvest time	skirt, CL:条
mouvement vers le haut	*clair*	*demander un congé*	*l'automne*	*jupe*

#476 HSK3	#477 HSK3	#478 HSK3	#479 HSK3	#480 HSK3
然后	**热情**	**认为**	**认真**	**容易**
rán hòu	rè qíng	rèn wéi	rèn zhēn	róng yì
then (afterwards), after that	cordial, enthusiastic	to believe, to think	conscientious, earnest	easy, likely, liable (to)
ensuite	*enthousiaste*	*croire*	*sérieux*	*facile*

#481 HSK3	#482 HSK3	#483 HSK3	#484 HSK3	#485 HSK3
如果	**伞**	**上网**	**声音**	**生气**
rú guǒ	sǎn	shàng wǎng	shēng yīn	shēng qì
if, in case, in the event that	umbrella, parasol, CL:把	to be on the internet	voice, sound, CL:个	angry, mad, offended, animated
si	*parapluie*	*l'Internet*	*voix*	*en colère*

#486 HSK3	#487 HSK3	#488 HSK3	#489 HSK3	#490 HSK3
世界	**试**	**瘦**	**叔叔**	**舒服**
shì jiè	shì	shòu	shū shu	shū fu
world, CL:个	to test, to try, experiment	tight, thin, lean	father's younger brother	comfortable, feeling well
monde	*expérience*	*serré*	*oncle*	*confortable*

#491 HSK3	#492 HSK3	#493 HSK3	#494 HSK3	#495 HSK3
数学	**树**	**刷牙**	**双**	**水平**
shù xué	shù	shuā yá	shuāng	shuǐ píng
mathematics, mathematical	tree, CL:棵	to brush teeth	pair, double, two, both	level (of achievement etc)
mathématiques	*arbre*	*se brosser les dents*	*paire*	*la norme*

#496 HSK3	#497 HSK3	#498 HSK3	#499 HSK3	#500 HSK3
司机	**太阳**	**特别**	**疼**	**提高**
sī jī	tài yáng	tè bié	téng	tí gāo
chauffeur, driver, CL:个	sun, CL:个	especially, special	(it) hurts, love fondly, ache	to raise, to increase
chauffeur	*Soleil*	*notamment*	*fait mal*	*augmenter*

#501 HSK3	#502 HSK3	#503 HSK3	#504 HSK3	#505 HSK3
体育	**甜**	**条**	**同事**	**同意**
tǐ yù	tián	tiáo	tóng shì	tóng yì
sports, physical education	sweet	strip, item, article	colleague, co-worker, CL:个,位	to agree, to consent, to approve
des sports	*sucré*	*bande*	*collaborateur*	*être d'accord*

#506 HSK3	#507 HSK3	#508 HSK3	#509 HSK3	#510 HSK3
头发	**突然**	**图书馆**	**腿**	**完成**
tóu fa	tū rán	tú shū guǎn	tuǐ	wán chéng
hair (on the head)	sudden, abrupt, unexpected	library, CL:家,个	leg, CL:条	complete, accomplish
cheveux	*brusque*	*bibliothèque*	*jambe*	*Achevée*

#511 HSK3	#512 HSK3	#513 HSK3	#514 HSK3	#515 HSK3
碗	**万**	**忘记**	**为**	**为了**
wǎn	wàn	wàng jì	wèi	wèi le
bowl, cup, CL:只,个	ten thousand, a great number	to forget	because of, for, to	in order to, for the purpose of
bol	*dix mille*	*oublier*	*car*	*afin de*

#516 HSK3	#517 HSK3	#518 HSK3	#519 HSK3	#520 HSK3
位	**文化**	**西**	**习惯**	**洗手间**
wèi	wén huà	xī	xí guàn	xǐ shǒu jiān
position, place, seat	culture, civilization, cultural	west	habit, custom, usual practice	toilet, lavatory, washroom
position	*culture*	*Ouest*	*habitude*	*toilette*

#521 HSK3	#522 HSK3	#523 HSK3	#524 HSK3	#525 HSK3
洗澡	夏	先	相信	香蕉
xǐ zǎo	xià	xiān	xiāng xìn	xiāng jiāo
to bathe, to take a shower	summer	early, prior, former	to believe, to be convinced	banana
se baigner	*été*	*de bonne heure*	*croire*	*banane*

#526 HSK3	#527 HSK3	#528 HSK3	#529 HSK3	#530 HSK3
像	向	小心	校长	新闻
xiàng	xiàng	xiǎo xīn	xiào zhǎng	xīn wén
appearance, to appear, to seem	direction, orientation	to be careful, to take care	(college, university) president	news, CL:条, 个
apparence	*direction*	*Prendre soin*	*Président*	*nouvelles*

#531 HSK3	#532 HSK3	#533 HSK3	#534 HSK3	#535 HSK3
新鲜	信用卡	行李箱	熊猫	需要
xīn xiān	xìn yòng kǎ	xíng lǐ xiāng	xióng māo	xū yào
fresh (experience, food etc)	credit card	suitcase	panda, CL:只	to need, to want, to demand
Frais	*carte de crédit*	*valise*	*Panda*	*avoir besoin*

#536 HSK3	#537 HSK3	#538 HSK3	#539 HSK3	#540 HSK3
选择	要求	爷爷	一直	一定
xuǎn zé	yāo qiú	yé ye	yī zhí	yí dìng
to select, to pick, choice	to request, to require, CL:点	(informal) father's father	straight (in a straight line)	surely, certainly, necessarily
choisir	*demander*	*grand-père*	*en continu*	*sûrement*

#541 HSK3	#542 HSK3	#543 HSK3	#544 HSK3	#545 HSK3
一共	一会儿	一样	以前	一般
yī gòng	yī huì er	yī yàng	yǐ qián	yī bān
altogether	a while	same, like, equal to, the same as	before, formerly, previous, ago	ordinary, common, general
tout à fait	*quelque temps*	*juste comme*	*avant*	*ordinaire*

#546 HSK3	#547 HSK3	#548 HSK3	#549 HSK3	#550 HSK3
一边	音乐	银行	饮料	应该
yī biān	yīn yuè	yín háng	yǐn liào	yīng gāi
one side, either side	music	bank, CL:家,个	(a) drink, beverage	ought to, should, must
d'un côté	*la musique*	*banque*	*boisson*	*devrait*

#551 HSK3	#552 HSK3	#553 HSK3	#554 HSK3	#555 HSK3
影响	用	游戏	有名	又
yǐng xiǎng	yòng	yóu xì	yǒu míng	yòu
influence, effect, to influence	to use, to employ, to have to	game, play, CL:场	famous, well-known	(once) again, also
influence	*utiliser*	*Jeu*	*célèbre*	*encore*

#556 HSK3	#557 HSK3	#558 HSK3	#559 HSK3	#560 HSK3
遇到	愿意	月亮	越	站
yù dào	yuàn yì	yuè liang	yuè	zhàn
to meet, to run into	to wish, to want, ready	moon	to exceed, to surpass	to stop, branch of a company
rencontrer	*souhaiter*	*lune*	*à dépasser*	*station*

#561 HSK3	#562 HSK3	#563 HSK3	#564 HSK3	#565 HSK3
长	着急	照顾	照片	照相机
zhǎng	zháo jí	zhào gu	zhào piàn	zhào xiàng jī
elder, senior, to grow	to worry, to feel anxious	to take care of	photo	camera
Sénior	*s'inquiéter*	*prendre soin de*	*photo*	*caméra*

#566 HSK3	#567 HSK3	#568 HSK3	#569 HSK3	#570 HSK3
只	只	只有...才...	中间	中文
zhǐ	zhǐ	zhǐ yǒu ...cái ...	zhōng jiān	zhōng wén
only, just, merely	single, one-only	only if... then...	between, intermediate, mid, middle	Chinese written language
seulement	*Célibataire*	*seulement*	*entre*	*écriture chinoise*

#571 HSK3	#572 HSK3	#573 HSK3	#574 HSK3	#575 HSK3
终于	种	重要	周末	主要
zhōng yú	zhǒng	zhòng yào	zhōu mò	zhǔ yào
at last, in the end, finally	kind, sort, type	important, significant, major	weekend	main, principal, major, primary
enfin	*Trier*	*important*	*fin de semaine*	*principale*

#576 HSK3	#577 HSK3	#578 HSK3	#579 HSK3	#580 HSK3
注意	自己	自行车	总是	嘴
zhù yì	zì jǐ	zì xíng chē	zǒng shì	zuǐ
to take note of	self, (reflexive pronoun), own	bicycle, bike, CL:辆	always	mouth, beak, spout
faire attention à	*soi*	*vélo*	*toujours*	*bouche*

#581 HSK3	#582 HSK3	#583 HSK3	#584 HSK4	#585 HSK4
最后	最近	作业	爱情	安排
zuì hòu	zuì jìn	zuò yè	ài qíng	ān pái
final, last, finally, ultimate	recent, recently, these days	school assignment, task	romance, love (romantic), CL:个	to arrange, to plan, to set up
final	*récent*	*tâche*	*romance*	*planifier*

#586 HSK4	#587 HSK4	#588 HSK4	#589 HSK4	#590 HSK4
安全	按时	按照	百分之	棒
ān quán	àn shí	àn zhào	bǎi fēn zhī	bàng
safe, secure, safety, security	on time, before deadline	according to, in the light of	percent,	a stick, club or cudgel, smart
sûr	*date limite*	*selon*	*pour cent*	*intelligent*

#591 HSK4	#592 HSK4	#593 HSK4	#594 HSK4	#595 HSK4
包子	保护	保证	报名	抱
bāo zi	bǎo hù	bǎo zhèng	bào míng	bào
steamed stuffed bun, CL:个	to protect, protection	guarantee, to guarantee	to sign up, to register	to hold, to carry (in one's arms)
pain farci à la vapeur	*protéger*	*garantie*	*se inscrire*	*tenir*

#596 HSK4	#597 HSK4	#598 HSK4	#599 HSK4	#600 HSK4
抱歉	倍	本来	笨	比如
bào qiàn	bèi	běn lái	bèn	bǐ rú
sorry, We apologize!	(two, three etc) -fold	original, originally, at first	stupid, foolish, silly	for example, for instance, such as
Pardon	*double*	*original*	*stupide*	*par exemple*

#601 HSK4	#602 HSK4	#603 HSK4	#604 HSK4	#605 HSK4
毕业	遍	标准	表格	表示
bì yè	biàn	biāo zhǔn	biāo gé	biāo shì
to graduate, graduation	a time, everywhere, turn	(an official) standard, norm	form, table, CL:张, 份	to express, to show, to say
obtenir son diplôme	*partout*	*la norme*	*forme*	*exprimer*

#606 HSK4	#607 HSK4	#608 HSK4	#609 HSK4	#610 HSK4
表演	表扬	饼干	并且	博士
biǎo yǎn	biǎo yáng	bǐng gān	bìng qiě	bó shì
play, show, performance	to praise, to commend	biscuit, cracker, cookie	moreover, furthermore, in addition	doctor, court academician
performance	*Prier*	*biscuit*	*en outre*	*médecin*

#611 HSK4	#612 HSK4	#613 HSK4	#614 HSK4	#615 HSK4
不过	不得不	不管	不仅	部分
bú guò	bù dé bù	bù guǎn	bù jǐn	bù fen
only, merely, no more than	have no choice or option but to	no matter (what, how)	not only (this one)	part, share, section, piece, CL:个
seulement	*n'ai pas le choix*	*peu importe*	*pas seulement*	*section*

#616 HSK4	#617 HSK4	#618 HSK4	#619 HSK4	#620 HSK4
擦	猜	材料	参观	餐厅
cā	cāi	cái liào	cān guān	cān tīng
to wipe, to erase, rubbing	to guess	material, data, makings	to look around, to inspect	dining-hall, restaurant
pour essuyer	*deviner*	*Matériel*	*inspecter*	*restaurant*

#621 HSK4	#622 HSK4	#623 HSK4	#624 HSK4	#625 HSK4
厕所	差不多	尝	长城	长江
cè suǒ	chà bu duō	cháng	cháng chéng	cháng jiāng
toilet, lavatory	almost, nearly, more or less	to try (to taste), to experience	the Great Wall	Changjiang river, Yangtze river
toilette	*presque*	*à découvrir*	*la grande Muraille*	*Rivière Yangtze*

#626 HSK4	#627 HSK4	#628 HSK4	#629 HSK4	#630 HSK4
场	超过	乘坐	成功	成为
chǎng	chāo guò	chéng zuò	chéng gōng	chéng wéi
stage	to surpass, to exceed, to outstrip	to ride (in a vehicle)	success, to succeed, CL:次,个	to become, to turn into
étape	*surpasser*	*conduire*	*Succès*	*devenir*

#631 HSK4	#632 HSK4	#633 HSK4	#634 HSK4	#635 HSK4
诚实	吃惊	重新	抽烟	出差
chéng shí	chī jīng	chóng xīn	chōu yān	chū chāi
honest, honesty, honorable	to be startled, to be shocked	again, once more, re-	to smoke (a cigarette, tobacco)	to go on an official
honnête	*être stupéfié*	*encore*	*fumer*	*voyage d'affaires*

#636 HSK4	#637 HSK4	#638 HSK4	#639 HSK4	#640 HSK4
出发	出生	出现	厨房	传真
chū fā	chū shēng	chū xiàn	chú fáng	chuán zhēn
to start out, to set off	to be born	to appear, to arise, to emerge	kitchen, CL:间	fax, facsimile
pour déclencher	*naître*	*apparaître*	*cuisine*	*facsimilé*

#641 HSK4	#642 HSK4	#643 HSK4	#644 HSK4	#645 HSK4
窗户	词语	从来	粗心	存
chuāng hu	cí yǔ	cóng lái	cū xīn	cún
window, CL:个,扇	word, term (e.g. technical term)	always, at all times, never	careless, thoughtless	exist, deposit, store, keep
fenêtre	*expression*	*toujours*	*négligent*	*exister*

#646 HSK4	#647 HSK4	#648 HSK4	#649 HSK4	#650 HSK4
错误	答案	打扮	打扰	打印
cuò wù	dá àn	dǎ ban	dǎ rǎo	dǎ yìn
error, mistake, mistaken, CL:个	answer, solution, CL:个	to decorate, to dress	to disturb, to bother, to trouble	to print, to seal, to stamp
Erreur	*répondre*	*décorer*	*déranger*	*imprimer*

#651 HSK4	#652 HSK4	#653 HSK4	#654 HSK4	#655 HSK4
打招呼	打折	打针	大概	大使馆
dǎ zhāo hu	dǎ zhé	dǎ zhēn	dà gài	dà shǐ guǎn
to give prior notice	to give a discount	to give or have an injection	roughly, probably, rough	embassy, CL:座,个
donner un préavis	*remise*	*injection*	*grossièrement*	*ambassade*

#656 HSK4	#657 HSK4	#658 HSK4	#659 HSK4	#660 HSK4
大约	大夫	戴	当	当时
dà yuē	dài fu	dài	dāng	dāng shí
approximately, about	doctor, CL:个,位	to put on or wear	to be, manage, withstand	then, at that time, while
approximativement	*médecin*	*porter*	*résister*	*ensuite*

#661 HSK4	#662 HSK4	#663 HSK4	#664 HSK4	#665 HSK4
刀	导游	倒	到处	到底
dāo	dǎo yóu	dào	dào chù	dào dǐ
knife, CL:把	tour guide, to conduct a tour	to move backwards, converse	in all places, everywhere	finally, in the end, after all
couteau	*guide touristique*	*converser*	*partout*	*enfin*

#666 HSK4	#667 HSK4	#668 HSK4	#669 HSK4	#670 HSK4
道歉	得	得意	登机牌	低
dào qiàn	dé	dé yì	dēng jī pái	dī
to apologize, to make an apology	to have to, to need to, to need to	proud of oneself	boarding pass	low, beneath, to let droop
s'excuser	*devoir*	*complaisant*	*carte d'embarquement*	*faible*

#671 HSK4	#672 HSK4	#673 HSK4	#674 HSK4	#675 HSK4
底	地点	地球	地址	掉
dǐ	dì diǎn	dì qiú	dì zhǐ	diào
background, bottom, base	place, site, location, venue	the Earth, planet, CL:个	address, CL:个	to fall, to drop, to lag behind
bas	*lieu*	*planète*	*adresse*	*laisser tomber*

#676 HSK4	#677 HSK4	#678 HSK4	#679 HSK4	#680 HSK4
调查	丢	动作	堵车	肚子
diào chá	diū	dòng zuò	dǔ chē	dù zi
investigation, CL:项,个	to lose, to put aside, to throw	movement, motion, action, CL:个	traffic jam, choking	belly, abdomen, stomach, CL:个
enquête	*perdre*	*mouvement*	*embouteillage*	*ventre*

#681 HSK4	#682 HSK4	#683 HSK4	#684 HSK4	#685 HSK4
短信	对话	对面	对于	儿童
duǎn xìn	duì huà	duì miàn	duì yú	ér tóng
text message, SMS	dialog, CL:个	opposite	regarding, with regards to	child, CL:个
message texte	*dialogue*	*contraire*	*En ce qui concerne*	*enfant*

#686 HSK4	#687 HSK4	#688 HSK4	#689 HSK4	#690 HSK4
而	发生	发展	法律	翻译
ér	fā shēng	fā zhǎn	fǎ lv4	fān yì
yet (not), and, as well as	to happen, to occur, to take place	development, growth, to develop	law, CL:条，套，个	to translate, to interpret
encore	*arriver*	*développement*	*loi*	*traduire*

#691 HSK4	#692 HSK4	#693 HSK4	#694 HSK4	#695 HSK4
烦恼	反对	方法	方面	方向
fán nǎo	fǎn duì	fāng fǎ	fāng miàn	fāng xiàng
agonize, agony, annoyance	to fight against, to oppose	method, way, means, CL:个	respect, aspect, field, side, CL:个	direction, orientation
tourmenter	*s'opposer*	*méthode*	*le respect*	*direction*

#696 HSK4	#697 HSK4	#698 HSK4	#699 HSK4	#700 HSK4
房东	放弃	放暑假	放松	份
fáng dōng	fàng qì	fàng shǔ jià	fàng sōng	fèn
landlord	to renounce, to abandon, to give up	take summer vacation	to loosen, to relax	part, share, portion, copy
propriétaire	*abandonner*	*vacances*	*se relaxer*	*portion*

#701 HSK4	#702 HSK4	#703 HSK4	#704 HSK4	#705 HSK4
丰富	否则	符合	付款	复印
fēng fù	fǒu zé	fú hé	fù kuǎn	fù yìn
rich, plentiful, abundant	if not, otherwise, else, or else	in keeping with, in accordance with	pay, payment	to photocopy
abondant	*autrement*	*en accord avec*	*Paiement*	*photocopier*

#706 HSK4	#707 HSK4	#708 HSK4	#709 HSK4	#710 HSK4
复杂	富	父亲	负责	改变
fù zá	fù	fù qīn	fù zé	gǎi biàn
complicated, complex	rich, surname Fu	father	to be in charge of	to change, to alter, to transform
compliqué	*riches*	*père*	*prendre la responsabilité de*	*changer*

#711 HSK4	#712 HSK4	#713 HSK4	#714 HSK4	#715 HSK4
干杯	感动	感觉	感情	感谢
gān bēi	gǎn dòng	gǎn jué	gǎn qíng	gǎn xiè
to drink a toast, Cheers!	to move (sb), to touch	to feel, to become aware of	feeling, emotion, CL:个,种	(express) thanks, gratitude
À votre santé!	*toucher*	*sentir*	*émotion*	*Reconnaissance*

#716 HSK4	#717 HSK4	#718 HSK4	#719 HSK4	#720 HSK4
敢	赶	干	刚	高速公路
gǎn	gǎn	gàn	gāng	gāo sù gōng lù
to dare, daring, (polite)	to overtake, to catch up with	to do (some work)	just, barely, exactly, hard	expressway, highway, freeway
oser	*se dépêcher*	*gérer*	*exactement*	*voie express*

#721 HSK4	#722 HSK4	#723 HSK4	#724 HSK4	#725 HSK4
胳膊	各	公里	功夫	工资
gē bo	gè	gōng lǐ	gōng fu	gōng zī
arm	each, every	kilometer	skill, art, kung fu, labor, effort	wages, pay, CL:个,份,月
bras	*chaque*	*kilomètre*	*kung fu*	*les salaires*

#726 HSK4	#727 HSK4	#728 HSK4	#729 HSK4	#730 HSK4
共同	够	购物	估计	鼓励
gòng tóng	gòu	gòu wù	gū jì	gǔ lì
common, joint, jointly	to reach, to be enough	shopping	to estimate, to reckon, CL:个	to encourage
commun	*atteindre*	*achats*	*estimer*	*encourager*

#731 HSK4	#732 HSK4	#733 HSK4	#734 HSK4	#735 HSK4
故意	顾客	挂	关键	观众
gù yì	gù kè	guà	guān jiàn	guān zhòng
deliberately, on purpose	client, customer, CL:位	to hang or suspend	crucial point, crux, CL:个, key	spectators, audience
délibérément	*client*	*Suspendre*	*crucial*	*visiteurs*

#736 HSK4	#737 HSK4	#738 HSK4	#739 HSK4	#740 HSK4
管理	光	广播	广告	逛
guǎn lǐ	guāng	guǎng bō	guǎng gào	guàng
to supervise, to manage, CL:个	light (ray), light, ray	broadcast, widely spread, CL:个	to advertise, a commercial	to stroll, to visit
superviser	*brillant*	*diffuser*	*faire de la publicité*	*se promener*

#741 HSK4	#742 HSK4	#743 HSK4	#744 HSK4	#745 HSK4
规定	国籍	国际	果汁	过程
guī dìng	guó jí	guó jì	guǒ zhī	guò chéng
to stipulate, to fix, to set	nationality	international	fruit juice	course of events, process, CL:个
stipuler	*nationalité*	*international*	*jus de fruit*	*processus*

#746 HSK4	#747 HSK4	#748 HSK4	#749 HSK4	#750 HSK4
海洋	害羞	寒假	汗	航班
hǎi yáng	hài xiū	hán jià	hàn	háng bān
ocean, CL:个	blush, shy	winter vacation	perspiration, sweat	scheduled flight, flight number
océan	*rougir*	*vacances d'hiver*	*transpiration*	*vol planifié*

#751 HSK4	#752 HSK4	#753 HSK4	#754 HSK4	#755 HSK4
好处	好像	号码	合格	合适
hǎo chu	hǎo xiàng	hào mǎ	hé gé	hé shì
benefit, advantage, gain, profit	as if, to seem like	number, CL:堆,个	qualified, meeting a standard	suitable, fitting, decent, to fit
avantage	*comme si*	*nombre*	*qualifié*	*adapté*

#756 HSK4	#757 HSK4	#758 HSK4	#759 HSK4	#760 HSK4
盒子	厚	后悔	互联网	互相
hé zi	hòu	hòu huǐ	hù lián wǎng	hù xiāng
box	thick, deep or profound, kind	to regret, to repent	the Internet	each other, mutually, mutual
boîte	*épais*	*se repentir*	*l'Internet*	*mutuel*

#761 HSK4	#762 HSK4	#763 HSK4	#764 HSK4	#765 HSK4
护士	怀疑	回忆	活动	活泼
hù shi	huái yí	huí yì	huó dòng	huó po
nurse, CL:个	to suspect, to doubt, doubt	to recall, recollection, CL:个	to exercise, to move about	lively, vivacious, brisk, active
infirmière	*douter*	*se rappeler*	*s'exercer*	*animé*

#766 HSK4	#767 HSK4	#768 HSK4	#769 HSK4	#770 HSK4
火	获得	基础	激动	积极
huǒ	huò dé	jī chǔ	jī dòng	jī jí
fire, CL:把	to obtain, to receive, to get	base, foundation, basis	to excite, to agitate, exciting	active, energetic, vigorous
Feu	*obtenir*	*fondation*	*exciter*	*énergique*

#771 HSK4	#772 HSK4	#773 HSK4	#774 HSK4	#775 HSK4
积累	即使	及时	寄	技术
jī lěi	jí shǐ	jí shí	jì	jì shù
to accumulate, accumulation	even if, even though, given that	in time, promptly, without delay	to live (in a house), to lodge	technology
accumuler	*même si*	*rapidement*	*loger*	*La technologie*

#776 HSK4	#777 HSK4	#778 HSK4	#779 HSK4	#780 HSK4
既然	继续	计划	记者	加班
jì rán	jì xù	jì huà	jì zhě	jiā bān
since, as, this being the case	to continue, to proceed with	plan, CL:个,项	reporter, journalist, CL:个	to work overtime
puisque	*continuer*	*plan*	*journaliste*	*faire des heures supplémentaires*

#781 HSK4	#782 HSK4	#783 HSK4	#784 HSK4	#785 HSK4
加油站	家具	假	价格	坚持
jiā yóu zhàn	jiā jù	jiǎ	jià gé	jiān chí
gas station	furniture, CL:件,套	fake, false, artificial	price, CL:个	to continue upholding
station-essence	*meubles*	*faux*	*prix*	*continuer à respecter*

#786 HSK4	#787 HSK4	#788 HSK4	#789 HSK4	#790 HSK4
减肥	减少	建议	将来	奖金
jiǎn féi	jiǎn shǎo	jiàn yì	jiāng lái	jiǎng jīn
to lose weight	to lessen, to decrease	to propose, to suggest	in the future	award money, premium, a bonus
perdre du poids	*diminuer*	*proposer*	*futur*	*un bonus*

#791 HSK4	#792 HSK4	#793 HSK4	#794 HSK4	#795 HSK4
降低	降落	交	交流	交通
jiàng dī	jiàng luò	jiāo	jiāo liú	jiāo tōng
to reduce, to lower, to bring down	to descend, to land	to hand over, to deliver	exchange, give-and-take	traffic, communications, liaison
réduire	*descendre*	*livrer*	*échange*	*circulation*

#796 HSK4	#797 HSK4	#798 HSK4	#799 HSK4	#800 HSK4
郊区	骄傲	饺子	教授	教育
jiāo qū	jiāo ào	jiǎo zi	jiào shòu	jiào yù
suburban district, outskirts	arrogant, full of oneself	dumpling, pot-sticker, CL:个,只	professor, to instruct	to educate, to teach, education
banlieue	*arrogant*	*boulette*	*professeur*	*pour éduquer*

#801 HSK4	#802 HSK4	#803 HSK4	#804 HSK4	#805 HSK4
接受	接着	结果	节	节约
jiē shòu	jiē zhe	jié guǒ	jié	jié yuē
to accept, to receive	to catch and hold on	result, outcome, effect	festival, holiday, node, joint	to economize, to conserve
accepter	*continuer*	*résultat*	*Festival*	*pour économiser*

#806 HSK4	#807 HSK4	#808 HSK4	#809 HSK4	#810 HSK4
解释	尽管	紧张	禁止	进行
jiě shì	jǐn guǎn	jǐn zhāng	jìn zhǐ	jìn xíng
explanation, to explain	despite, although, even though	nervous, keyed up, CL:阵	to prohibit, to forbid, to ban	to advance, to conduct, underway
explication	*bien que*	*nerveux*	*interdire*	*Pour avancer*

#811 HSK4	#812 HSK4	#813 HSK4	#814 HSK4	#815 HSK4
京剧	精彩	经济	经历	经验
jīng jù	jīng cǎi	jīng jì	jīng lì	jīng yàn
Beijing opera	splendid, brilliant	economy, economic	experience, to go through	to experience, experience
Opéra de Beijing	*splendide*	*économie*	*passer par*	*à découvrir*

#816 HSK4	#817 HSK4	#818 HSK4	#819 HSK4	#820 HSK4
景色	警察	竞争	竟然	镜子
jǐng sè	jǐng chá	jìng zhēng	jìng rán	jìng zi
scenery, scene, landscape, view	police, policeman, policewoman	to compete, competition	unexpectedly, to one's surprise	mirror, CL:面,个
paysage	*police*	*concourir*	*de façon inattendue*	*miroir*

#821 HSK4	#822 HSK4	#823 HSK4	#824 HSK4	#825 HSK4
究竟	举	举办	举行	拒绝
jiū jìng	jǔ	jǔ bàn	jǔ xíng	jù jué
actually, outcome	to lift, to hold up, to cite	to conduct, to hold	to hold (a meeting, ceremony etc)	to refuse, to decline, to reject
résultat	soulever	mener	tenir une conférence	refuser

#826 HSK4	#827 HSK4	#828 HSK4	#829 HSK4	#830 HSK4
聚会	距离	开玩笑	开心	看法
jù huì	jù lí	kāi wán xiào	kāi xīn	kàn fǎ
party, gathering, to meet	distance, to be apart, CL:个	to play a joke, to make fun of	to feel happy, to rejoice	way of looking at a thing, view
fête	distance	plaisanter	se réjouir	opinion

#831 HSK4	#832 HSK4	#833 HSK4	#834 HSK4	#835 HSK4
烤鸭	考虑	棵	科学	咳嗽
kǎo yā	kǎo lv4	kē	kē xué	ké sou
roast duck	to think over, to consider	classifier for trees, cabbages	science, CL:门,个,种	to cough, CL:阵
canard rôti	considération	choux	science	tousser

#836 HSK4	#837 HSK4	#838 HSK4	#839 HSK4	#840 HSK4
可怜	可是	可惜	客厅	肯定
kě lián	kě shì	kě xī	kè tīng	kěn dìng
pitiful, pathetic	but, however	it is a pity, what a pity	drawing room	to be sure, to be certain, sure
pitoyable	pourtant	c'est dommage	Salle de dessin	précis

#841 HSK4	#842 HSK4	#843 HSK4	#844 HSK4	#845 HSK4
空	空气	恐怕	苦	矿泉水
kōng	kōng qì	kǒng pà	kǔ	kuàng quán shuǐ
to empty, vacant, unoccupied	air, atmosphere	to fear, to dread	bitter, hardship, pain	mineral spring water
à vider	*atmosphère*	*redouter*	*épreuves*	*eau minérale*

#846 HSK4	#847 HSK4	#848 HSK4	#849 HSK4	#850 HSK4
困	困难	垃圾桶	拉	辣
kùn	kùn nan	lā jī tǒng	lā	là
to be trapped, to surround	(financial etc) difficulty	rubbish bin	to pull, to drag, to draw	hot (spicy), pungent
entourer	*problème*	*poubelle*	*tirer*	*épicé*

#851 HSK4	#852 HSK4	#853 HSK4	#854 HSK4	#855 HSK4
来不及	来得及	来自	懒	浪费
lái bu jí	lái de jí	lái zì	lǎn	làng fèi
there's not enough time (to do sth)	there's still time	to come from (a place)	lazy	to waste, to squander
c'est trop tard	*il nous reste encore du temps*	*venir de*	*paresseux*	*gaspiller*

#856 HSK4	#857 HSK4	#858 HSK4	#859 HSK4	#860 HSK4
浪漫	老虎	冷静	理发	理解
làng màn	lǎo hǔ	lěng jìng	lǐ fà	lǐ jiě
romantic	tiger, CL:只	calm, cool-headed	a barber, hairdressing	to comprehend, to understand
romantique	*tigre*	*calme*	*Un barbier*	*comprendre*

#861 HSK4	#862 HSK4	#863 HSK4	#864 HSK4	#865 HSK4
理想	礼拜天	礼貌	例如	力气
lǐ xiǎng	lǐ bài tiān	lǐ mào	lì rú	lì qi
a dream, an ideal, perfection, CL:个	Sunday	courtesy, manners	for example, for instance, such as	strength, CL:把
un rêve	dimanche	courtoisie	par exemple	force

#866 HSK4	#867 HSK4	#868 HSK4	#869 HSK4	#870 HSK4
厉害	俩	联系	连	凉快
lì hai	liǎ	lián xì	lián	liáng kuai
difficult to deal with	two (colloquial equivalent of 两个)	connection, contact	to link, to join, to connect	nice and cold, pleasantly cool
féroce	tous les deux	lien	joindre	agréable

#871 HSK4	#872 HSK4	#873 HSK4	#874 HSK4	#875 HSK4
零钱	另外	流利	流行	留
líng qián	lìng wài	liú lì	liú xíng	liú
change (of money), small change	additional, in addition, besides	fluent	to spread, popular	to retain, to stay, to remain
argent de poche	Additionnel	courant	se propager	garder

#876 HSK4	#877 HSK4	#878 HSK4	#879 HSK4	#880 HSK4
旅行	乱	律师	麻烦	马虎
lǚ xíng	luàn	lv4 shī	má fan	mǎ hu
to travel, journey, trip	in confusion or disorder	lawyer	inconvenient, troublesome	careless, sloppy, negligent, skimpy
voyager	dans la confusion	avocat	incommode	négligent

#881 HSK4	#882 HSK4	#883 HSK4	#884 HSK4	#885 HSK4
满	毛	毛巾	美丽	梦
mǎn	máo	máo jīn	měi lì	mèng
full, filled, packed, fully	hair, feather, down	towel, CL:条	beautiful	dream, CL:场,个
complètement	*plume*	*serviette*	*magnifique*	*rêver*

#886 HSK4	#887 HSK4	#888 HSK4	#889 HSK4	#890 HSK4
迷路	密码	免费	秒	民族
mí lù	mì mǎ	miǎn fèi	miǎo	mín zú
to lose the way, lost	code, secret code, password	free (of charge)	second (of time)	nationality, ethnic group, CL:个
perdu	*mot de passe*	*gratuit*	*seconde*	*nationalité*

#891 HSK4	#892 HSK4	#893 HSK4	#894 HSK4	#895 HSK4
母亲	目的	耐心	难道	难受
mǔ qīn	mù dì	nài xīn	nán dào	nán shòu
mother, also pr. with light tone	purpose, aim, goal, target	to be patient, patient (adjective)	don't tell me…	to feel unwell, to suffer pain
mère	*objectif*	*patient*	*ne me dis pas*	*souffrir*

#896 HSK4	#897 HSK4	#898 HSK4	#899 HSK4	#900 HSK4
内	内容	能力	年龄	弄
nèi	nèi róng	néng lì	nián líng	nòng
inside, inner, internal	content, substance, details	capability, capable, able	(a person's) age, CL:把,个	to do (to manage), to manage
à l'intérieur	*contenu*	*aptitude*	*âge*	*gérer*

#901 HSK4	#902 HSK4	#903 HSK4	#904 HSK4	#905 HSK4
暖和	偶尔	排队	排列	判断
nuǎn huo	ǒu ěr	pái duì	pái liè	pàn duàn
warm (weather), nice and warm	occasionally, once in a while	to line up, queue up, form a line	to arrange, arrangement, array	to decide, to determine, CL:个
chaud	*parfois*	*s'aligner*	*organiser*	*decider*

#906 HSK4	#907 HSK4	#908 HSK4	#909 HSK4	#910 HSK4
陪	批评	皮肤	脾气	篇
péi	pī píng	pí fū	pí qi	piān
to accompany, to keep sb company	to criticize, criticism, CL:个	skin, CL:种	temperament, disposition	piece of writing, sheet
accompagner	*critiquer*	*peau*	*tempérament*	*article*

#911 HSK4	#912 HSK4	#913 HSK4	#914 HSK4	#915 HSK4
骗	乒乓球	平时	破	葡萄
piàn	pīng pāng qiú	píng shí	pò	pú tao
to cheat, to swindle, to deceive	table tennis, ping pong	in normal times, in peacetime	broken, damaged, worn out	grape
tricher	*tennis de table*	*en temps de paix*	*cassé*	*grain de raisin*

#916 HSK4	#917 HSK4	#918 HSK4	#919 HSK4	#920 HSK4
普遍	普通话	其次	其中	气候
pǔ biàn	pǔ tōng huà	qí cì	qí zhōng	qì hòu
universal, general, widespread	Mandarin (common language)	next, secondly	among, in, included among these	climate, atmosphere, situation
universel	*mandarin*	*suivant*	*parmi*	*climat*

#921 HSK4	#922 HSK4	#923 HSK4	#924 HSK4	#925 HSK4
千万	敲	桥	巧克力	亲戚
qiān wàn	qiāo	qiáo	qiǎo kè lì	qīn qi
ten million, countless, many	extort, knock, to strike	bridge, CL:座	chocolate (loanword), CL:块	a relative，CL:门,个,位
dix millions	extorquer	pont	Chocolat	un parent

#926 HSK4	#927 HSK4	#928 HSK4	#929 HSK4	#930 HSK4
轻	轻松	情况	穷	区别
qīng	qīng sōng	qíng kuàng	qióng	qū bié
light (not heavy), light	gentle, relaxed	circumstances, situation	exhausted, poor	difference, to distinguish
doux	détendu	situation	pauvres	différence

#931 HSK4	#932 HSK4	#933 HSK4	#934 HSK4	#935 HSK4
取	全部	缺点	缺少	却
qǔ	quán bù	quē diǎn	quē shǎo	què
to take, to get, to choose	whole, entire, complete	weak point, fault, shortcoming	lack, shortage of, shortfall	but, yet, however
choisir	Achevée	faute	manque à gagner	pourtant

#936 HSK4	#937 HSK4	#938 HSK4	#939 HSK4	#940 HSK4
确实	然而	热闹	任何	任务
què shí	rán ér	rè nao	rèn hé	rèn wu
indeed, really, reliable, real	however, yet, but	bustling with noise and excitement	any, whatever, whichever	mission, assignment
En effet	pourtant	animé	peu importe	mission

#941 HSK4	#942 HSK4	#943 HSK4	#944 HSK4	#945 HSK4
扔	仍然	日记	入口	散步
rēng	réng rán	rì jì	rù kǒu	sàn bù
to throw, to throw away	still, yet	diary, CL:则 ,本 ,篇	entrance	to take a walk, to go for a walk
lancer	*encore*	*journal intime*	*entrée*	*aller se promener*

#946 HSK4	#947 HSK4	#948 HSK4	#949 HSK4	#950 HSK4
森林	沙发	伤心	商量	稍微
sēn lín	shā fā	shāng xīn	shāng liang	shāo wēi
forest, CL:片	sofa, CL:条 ,张	to grieve, to be broken-hearted	to consult, to talk over	a little bit
forêt	*canapé*	*avoir de la peine*	*consulter*	*un petit peu*

#951 HSK4	#952 HSK4	#953 HSK4	#954 HSK4	#955 HSK4
勺子	社会	深	申请	甚至
sháo zi	shè huì	shēn	shēn qǐng	shèn zhì
scoop, ladle, CL:把	society, CL:个	deep, late, profound	to apply for sth, application	so much so that, even
scoop	*société*	*Profond*	*application*	*même*

#956 HSK4	#957 HSK4	#958 HSK4	#959 HSK4	#960 HSK4
生活	生命	生意	省	剩
shēng huó	shēng mìng	shēng yì	shěng	shèng
life, activity, to live, livelihood	life, living, biological, CL:个	life force, vitality,	to do without, to omit	to remain, to be left
activité	*biologique*	*vitalité*	*omettre*	*rester*

#961 HSK4	#962 HSK4	#963 HSK4	#964 HSK4	#965 HSK4
失败	失望	师傅	十分	实际
shī bài	shī wàng	shī fu	shí fēn	shí jì
to be defeated, failure	disappointed, to lose hope	master, CL:个,位,名	to divide into ten equal parts	actual, reality, practice
échec,	déçu	Maître	cent pour cent	réel

#966 HSK4	#967 HSK4	#968 HSK4	#969 HSK4	#970 HSK4
实在	使	使用	世纪	是否
shí zài	shǐ	shǐ yòng	shì jì	shì fǒu
in reality, honestly, really	to cause, to enable, to use	to use, to employ, to apply	century, CL:个	whether (or not), if, is or isn't
honnêtement	provoquer	employer	siècle	qu'il s'agisse

#971 HSK4	#972 HSK4	#973 HSK4	#974 HSK4	#975 HSK4
适合	适应	收	收入	收拾
shì hé	shì yìng	shōu	shōu rù	shōu shi
to fit, to suit	to suit, to fit, to be suitable	to receive, to accept, to collect	to take in, income, revenue	to put in order, to tidy up
pour convenir	adapter	recevoir	le revenu	ranger

#976 HSK4	#977 HSK4	#978 HSK4	#979 HSK4	#980 HSK4
首都	首先	受不了	受到	售货员
shǒu dū	shǒu xiān	shòu bù liǎo	shòu dào	shòu huò yuán
capital (city), CL:个	first (of all), in the first place	unbearable, unable to endure	to suffer, obtained, given	salesperson, CL:个
Capitale	premier	insupportable	souffrir	vendeur

#981 HSK4	#982 HSK4	#983 HSK4	#984 HSK4	#985 HSK4
输	熟悉	数量	数字	帅
shū	shú xī	shù liàng	shù zì	shuài
to transport, to lose, to donate	to be familiar with, to know well	quantity, amount, CL:个	numeral, digit, number, figure	handsome, graceful, smart
transporter	*être familier avec*	*quantité*	*numéral*	*Beau*

#986 HSK4	#987 HSK4	#988 HSK4	#989 HSK4	#990 HSK4
顺便	顺利	顺序	说明	硕士
shùn biàn	shùn lì	shùn xù	shuō míng	shuò shì
conveniently, in passing	smoothly, without a hitch	sequence, order	to explain, to illustrate	master's degree, learned person
commodément	*doucement*	*séquence*	*expliquer*	*une maîtrise*

#991 HSK4	#992 HSK4	#993 HSK4	#994 HSK4	#995 HSK4
死	塑料袋	速度	酸	随便
sǐ	sù liào dài	sù dù	suān	suí biàn
to die, impassable, uncrossable	plastic bag	speed, rate, velocity, CL:个	sour, tart, sick at heart	as one wishes, as one pleases
mourir	*sac plastique*	*la vitesse*	*acide*	*négligent*

#996 HSK4	#997 HSK4	#998 HSK4	#999 HSK4	#1000 HSK4
随着	孙子	所有	台	抬
suí zhe	sūn zi	suǒ yǒu	tái	tái
along with, in the wake of	grandson (paternal)	all, to possess, to have, to own	desk, platform, stage, terrace	to lift, to raise
Suivant	*petit fils*	*posséder*	*bureau*	*augmenter*

#1001 HSK4	#1002 HSK4	#1003 HSK4	#1004 HSK4	#1005 HSK4
态度 tài du manner, bearing, attitude *manière*	弹钢琴 tán gāng qín play the piano *jouer du piano*	谈 tán to discuss, to chat, to converse *discuter*	汤 tāng soup, broth, hot water *soupe*	糖 táng sugar, sweets, candy *sucre*

#1006 HSK4	#1007 HSK4	#1008 HSK4	#1009 HSK4	#1010 HSK4
躺 tǎng to recline, to lie down *s'incliner*	讨论 tǎo lùn to talk over, to discuss, CL:个 *discuter*	讨厌 tǎo yàn to hate doing something *énervant*	特点 tè diǎn characteristic (feature) *caractéristique*	提 tí to carry, to lift, to raise *porter*

#1011 HSK4	#1012 HSK4	#1013 HSK4	#1014 HSK4	#1015 HSK4
提供 tí gōng to supply, to provide *fournir*	提前 tí qián to shift to an earlier date *Pour avancer*	提醒 tí xǐng to call attention to *Rappeler*	填空 tián kòng to fill a job vacancy *remplir un espace*	条件 tiáo jiàn circumstances, condition, term *conditions*

#1016 HSK4	#1017 HSK4	#1018 HSK4	#1019 HSK4	#1020 HSK4
停 tíng to halt, to stop, to park (a car), *faire halte*	挺 tǐng to (physically) straighten up *à supporter*	通过 tōng guò to pass through, to get through *Pour passer à travers*	通知 tōng zhī to notify, to inform, notice *prévenir*	同情 tóng qíng compassion, relent, sympathize *la compassion*

#1021 HSK4	#1022 HSK4	#1023 HSK4	#1024 HSK4	#1025 HSK4
同时	推	推迟	脱	袜子
tóng shí	tuī	tuī chí	tuō	wà zi
at the same time, simultaneously	to push, to cut, to refuse	to postpone, to put off, to defer	to shed, to take off, to escape	socks, stockings
simultanément	*pousser*	*reporter*	*se débarrasser*	*chaussettes*

#1026 HSK4	#1027 HSK4	#1028 HSK4	#1029 HSK4	#1030 HSK4
完全	往往	网球	网站	危险
wán quán	wǎng wǎng	wǎng qiú	wǎng zhàn	wēi xiǎn
complete, whole, totally, entirely	often, frequently	tennis, CL:个	website, network station, node	danger, dangerous
Achevée	*souvent*	*tennis*	*site Internet*	*danger*

#1031 HSK4	#1032 HSK4	#1033 HSK4	#1034 HSK4	#1035 HSK4
卫生间	味道	温度	文章	污染
wèi shēng jiān	wèi dào	wēn dù	wén zhāng	wū rǎn
bathroom, toilet, WC, CL:间	flavor, smell, hint of	temperature, CL:个	article, essay, CL:篇	pollution, contamination, CL:个
salle de bains	*saveur*	*Température*	*article*	*la pollution*

#1036 HSK4	#1037 HSK4	#1038 HSK4	#1039 HSK4	#1040 HSK4
无	无聊	无论	误会	吸引
wú	wú liáo	wú lùn	wù huì	xī yǐn
un-, to lack, -less, not to have	nonsense, bored	no matter what or how	to misunderstand, to mistake	to attract
manquer	*absurdité*	*indépendamment*	*Mal comprendre*	*attirer*

#1041 HSK4	#1042 HSK4	#1043 HSK4	#1044 HSK4	#1045 HSK4
西红柿	**咸**	**现金**	**羡慕**	**相反**
xī hóng shì	xián	xiàn jīn	xiàn mù	xiāng fǎn
tomato, CL:只	salty	cash	envious, envy, to admire	opposite, contrary
tomate	*salé*	*en espèces*	*envieux*	*contraire*

#1046 HSK4	#1047 HSK4	#1048 HSK4	#1049 HSK4	#1050 HSK4
相同	**香**	**详细**	**响**	**橡皮**
xiāng tóng	xiāng	xiáng xì	xiǎng	xiàng pí
identical, same	fragrant, sweet smelling	detailed, in detail, minute	to make a sound	rubber, an eraser, CL:块
identique	*parfumé*	*détaillé*	*faire un son*	*un effaceur*

#1051 HSK4	#1052 HSK4	#1053 HSK4	#1054 HSK4	#1055 HSK4
消息	**小吃**	**小伙子**	**小说**	**效果**
xiāo xi	xiǎo chī	xiǎo huǒ zi	xiǎo shuō	xiào guǒ
news, information, CL:条	snack, refreshments, CL:家	lad, young fellow, youngster, CL:个	novel, fiction, CL:本,部	result, effect, quality, CL:个
nouvelles	*casse-croûte*	*enfant*	*roman*	*résultat*

#1056 HSK4	#1057 HSK4	#1058 HSK4	#1059 HSK4	#1060 HSK4
笑话	**心情**	**辛苦**	**信封**	**信息**
xiào huà	xīn qíng	xīn kǔ	xìn fēng	xìn xī
joke, jest, CL:个	mood, frame of mind, CL:个	hard, exhausting	envelope, CL:个	information, news, message
blague	*ambiance*	*épuisant*	*enveloppe*	*information*

#1061 HSK4	#1062 HSK4	#1063 HSK4	#1064 HSK4	#1065 HSK4
信心	兴奋	行	醒	幸福
xìn xīn	xīng fèn	xíng	xǐng	xìng fú
confidence, faith (in sb or sth)	excited, excitement	to walk, to go, to travel	to wake up, to awaken, to be awake	happiness, happy, blessed
confiance	excité	marcher	réveiller	bonheur

#1066 HSK4	#1067 HSK4	#1068 HSK4	#1069 HSK4	#1070 HSK4
性别	性格	修理	许多	学期
xìng bié	xìng gé	xiū lǐ	xǔ duō	xué qī
gender, sex	nature (temperament), nature, CL:个	to repair, to overhaul, to fix	a great deal of, many, a lot of	school term, semester, CL:个
le sexe	la nature	réparer	beaucoup	semestre

#1071 HSK4	#1072 HSK4	#1073 HSK4	#1074 HSK4	#1075 HSK4
压力	牙膏	亚洲	严格	严重
yā lì	yá gāo	yà zhōu	yán gé	yán zhòng
pressure	toothpaste, CL:管	Asia, Asian	strict, stringent, tight, rigorous	serious, severe, critical, grave
pression	dentifrice	asiatique	strict	sérieux

#1076 HSK4	#1077 HSK4	#1078 HSK4	#1079 HSK4	#1080 HSK4
盐	研究	演出	演员	眼镜
yán	yán jiū	yǎn chū	yǎn yuán	yǎn jìng
salt, CL:粒	research, a study, CL:項|项,	to act (in a play), to perform	actor or actress, performer	spectacles, eyeglasses, CL:副
sel	recherche	agir	acteur	lunettes

#1081 HSK4	#1082 HSK4	#1083 HSK4	#1084 HSK4	#1085 HSK4
阳光	养成	样子	邀请	要是
yáng guāng	yǎng chéng	yàng zi	yāo qǐng	yào shi
sunlight, sunshine, CL:线	to cultivate, to raise	manner, air, looks, aspect	to invite, invitation, CL:个	if
lumière du soleil	*cultiver*	*manière*	*inviter*	*si*

#1086 HSK4	#1087 HSK4	#1088 HSK4	#1089 HSK4	#1090 HSK4
钥匙	也许	叶子	页	一切
yào shi	yě xǔ	yè zi	yè	yī qiè
key, CL:把	perhaps, maybe, probably	foliage, leaf, CL:片	page, leaf	everything, every, all
clé	*peut-être*	*feuillage*	*page*	*tout*

#1091 HSK4	#1092 HSK4	#1093 HSK4	#1094 HSK4	#1095 HSK4
以	以为	意见	艺术	因此
yǐ	yǐ wéi	yì jiàn	yì shù	yīn cǐ
to use as, according to, because of	to believe, to think, to consider	opinion, suggestion	art, CL:种	consequently, as a result, thus
à cause de	*croire*	*opinion*	*art*	*par conséquent*

#1096 HSK4	#1097 HSK4	#1098 HSK4	#1099 HSK4	#1100 HSK4
引起	印象	赢	应聘	勇敢
yǐn qǐ	yìn xiàng	yíng	yìng pìn	yǒng gǎn
to give rise to, to lead to	impression, reflection	to win, to beat, to profit	to accept a job offer	brave, courageous
mener	*impression*	*gagner*	*accepter une offre d'emploi*	*courageux*

___/___/___      56

#	Hanzi	Pinyin	English	French
#1101 HSK4	永远	yǒng yuǎn	forever, eternal	pour toujours
#1102 HSK4	优点	yōu diǎn	merit, benefit, strong point	mérite
#1103 HSK4	优秀	yōu xiù	outstanding, excellent	exceptionnel
#1104 HSK4	幽默	yōu mò	humor, humorous	humour
#1105 HSK4	尤其	yóu qí	especially, particularly	notamment
#1106 HSK4	由	yóu	to follow, from, because of	suivre
#1107 HSK4	由于	yóu yú	due to, as a result of, thanks to	puisque
#1108 HSK4	邮局	yóu jú	post office, CL:家,个	bureau de poste
#1109 HSK4	友好	yǒu hǎo	friendly, amicable	amical
#1110 HSK4	友谊	yǒu yì	companionship, fellowship	camaraderie
#1111 HSK4	有趣	yǒu qù	interesting, fascinating, amusing	intéressant
#1112 HSK4	于是	yú shì	thereupon, as a result	là-dessus
#1113 HSK4	愉快	yú kuài	cheerful, cheerily, delightful	de bonne humeur
#1114 HSK4	与	yǔ	to give, to help	donner
#1115 HSK4	羽毛球	yǔ máo qiú	badminton, shuttlecock, CL:个	badminton
#1116 HSK4	语法	yǔ fǎ	grammar	grammaire
#1117 HSK4	语言	yǔ yán	language, CL:门,种	Langue
#1118 HSK4	预习	yù xí	to prepare a lesson	préparer une leçon
#1119 HSK4	原来	yuán lái	original, former, formerly	original
#1120 HSK4	原谅	yuán liàng	to excuse, to forgive, to pardon	excuser

#1121 HSK4	#1122 HSK4	#1123 HSK4	#1124 HSK4	#1125 HSK4
原因	约会	阅读	云	允许
yuán yīn	yuē huì	yuè dú	yún	yǔn xǔ
cause, origin, root cause	appointment, engagement	to read, reading	cloud, CL:朵	to permit, to allow
cause	*rendez-vous*	*lire*	*nuage*	*autoriser*

#1126 HSK4	#1127 HSK4	#1128 HSK4	#1129 HSK4	#1130 HSK4
杂志	咱们	暂时	脏	责任
zá zhì	zán men	zàn shí	zāng	zé rèn
magazine	I or me, you	temporary, provisional	dirty	responsibility, blame, duty, CL:个
magazine	*nous*	*temporaire*	*sale*	*responsabilité*

#1131 HSK4	#1132 HSK4	#1133 HSK4	#1134 HSK4	#1135 HSK4
增加	占线	招聘	照	真正
zēng jiā	zhàn xiàn	zhāo pìn	zhào	zhēn zhèng
to raise, to increase	busy (telephone)	recruitment	according to, to illuminate	genuine, real, true, genuinely
augmenter	*occupé*	*recrutement*	*briller*	*authentique*

#1136 HSK4	#1137 HSK4	#1138 HSK4	#1139 HSK4	#1140 HSK4
整理	正常	正好	正确	正式
zhěng lǐ	zhèng cháng	zhèng hǎo	zhèng què	zhèng shì
to arrange, to tidy up	regular, normal, ordinary	just (in time), just right	correct, proper	formal, official
organiser	*ordinaire*	*juste à droite*	*correct*	*officiel*

#1141 HSK4	#1142 HSK4	#1143 HSK4	#1144 HSK4	#1145 HSK4
证明	**支持**	**知识**	**值得**	**植物**
zhèng míng	zhī chí	zhī shi	zhí de	zhí wù
proof, certificate	to be in favor of, to support	intellectual, knowledge-related	to be worth, to deserve	botanical, plant, vegetation
preuve	*soutenir*	*intellectuel*	*mériter*	*botanique*

#1146 HSK4	#1147 HSK4	#1148 HSK4	#1149 HSK4	#1150 HSK4
直接	**职业**	**只好**	**只要**	**指**
zhí jiē	zhí yè	zhǐ hǎo	zhǐ yào	zhǐ
direct, opposite: indirect 间接	occupation, profession	without any better option	if only, so long as	finger, to point at or to
direct	*Occupation*	*être forcé de*	*si seulement*	*doigt*

#1151 HSK4	#1152 HSK4	#1153 HSK4	#1154 HSK4	#1155 HSK4
至少	**质量**	**重**	**重点**	**重视**
zhì shǎo	zhì liàng	zhòng	zhòng diǎn	zhòng shì
at least, (to say the) least	quality, mass (in physics), CL:个	heavy, serious	emphasis, focal point, focusing on	to attach importance to sth
au moins	*qualité*	*lourd*	*accentuation*	*évaluer*

#1156 HSK4	#1157 HSK4	#1158 HSK4	#1159 HSK4	#1160 HSK4
周围	**主意**	**祝贺**	**著名**	**专门**
zhōu wéi	zhǔ yi	zhù hè	zhù míng	zhuān mén
surroundings, environment	plan, idea, decision, CL:个	to congratulate, congratulations	famous, noted, well-known	specialist, specialized, customized
alentours	*plan*	*féliciter*	*célèbre*	*spécialiste*

#1161 HSK4	#1162 HSK4	#1163 HSK4	#1164 HSK4	#1165 HSK4
专业	转	赚	准确	准时
zhuān yè	zhuǎn	zhuàn	zhǔn què	zhǔn shí
specialty, specialized field	to turn, to change direction	earn, make a profit	accurate, exact, precise	on time, punctual, on schedule
spécialité	*tourner*	*faire profit*	*précis*	*ponctuelle*

#1166 HSK4	#1167 HSK4	#1168 HSK4	#1169 HSK4	#1170 HSK4
仔细	自然	自信	总结	租
zǐ xì	zì rán	zì xìn	zǒng jié	zū
careful, attentive, cautious	at ease, free from affectation	confidence, self-confidence	to sum up, to conclude	to rent, to charter
prudent	*affectation*	*confiance*	*sommaire*	*louer*

#1171 HSK4	#1172 HSK4	#1173 HSK4	#1174 HSK4	#1175 HSK4
最好	尊重	左右	作家	作用
zuì hǎo	zūn zhòng	zuǒ yòu	zuò jiā	zuò yòng
best, (you) had better	esteem, respect, to honor	approximately, about	author, CL:個|个,位,	to act on, to affect, action
meilleur	*estime*	*approximativement*	*auteur*	*activité*

#1176 HSK4	#1177 HSK4	#1178 HSK4	#1179 HSK5	#1180 HSK5
作者	座	座位	哎	爱护
zuò zhě	zuò	zuò wèi	āi	ài hù
writer, author, CL:个	seat, base, stand	a place to sit, CL:个	hey!	to take care of, to treasure
écrivain	*siège*	*un endroit pour s'asseoir*	*Hey!*	*chérir*

#1181 HSK5	#1182 HSK5	#1183 HSK5	#1184 HSK5	#1185 HSK5
爱惜	爱心	安慰	安装	岸
ài xī	ài xīn	ān wèi	ān zhuāng	àn
to cherish, to treasure	compassion, CL:片	to comfort, to console, CL:个	to install, to erect, to fix	shore, bank, beach, coast
chérir	*la compassion*	*réconforter*	*à installer*	*rive*

#1186 HSK5	#1187 HSK5	#1188 HSK5	#1189 HSK5	#1190 HSK5
暗	熬夜	把握	摆	办理
àn	áo yè	bǎ wò	bǎi	bàn lǐ
dark, gloomy, hidden, secret	to stay up late or all night,	to grasp (also fig.), to seize	to arrange, to exhibit	to handle, to transact, to conduct
foncé	*rester debout tard*	*à saisir*	*organiser*	*gérer*

#1191 HSK5	#1192 HSK5	#1193 HSK5	#1194 HSK5	#1195 HSK5
傍晚	包裹	包含	包括	薄
bàng wǎn	bāo guǒ	bāo hán	bāo kuò	báo
in the evening	wrap up, bind up, bundle	to contain, to embody, to include	to comprise, to include	thin, cold in manner
dans la soirée	*emballer*	*contenir*	*comprendre*	*mince*

#1196 HSK5	#1197 HSK5	#1198 HSK5	#1199 HSK5	#1200 HSK5
保持	保存	保留	保险	宝贝
bǎo chí	bǎo cún	bǎo liú	bǎo xiǎn	bǎo bèi
to keep, to maintain, to hold	to conserve, to preserve	to preserve, to maintain	insurance, to insure, safe	treasured object, treasure
garder	*conserver*	*conserver*	*Assurance*	*Trésor*

#1201 HSK5	#1202 HSK5	#1203 HSK5	#1204 HSK5	#1205 HSK5
宝贵 bǎo guì valuable, precious, value *de valeur*	**报到** bào dào to check in, to report for duty *enregistrer*	**报道** bào dào report, to report (new) *rapport*	**报告** bào gào to inform, lecture *informer*	**报社** bào shè newspaper office, CL:家 *bureau du journal*

#1206 HSK5	#1207 HSK5	#1208 HSK5	#1209 HSK5	#1210 HSK5
抱怨 bào yuàn to complain, to grumble *se plaindre*	**悲观** bēi guān pessimistic *pessimiste*	**背** bèi the back of a body or object *faire demi-tour*	**背景** bèi jǐng background, backdrop, context *Contexte*	**被子** bèi zi quilt, CL:床 *courtepointe*

#1211 HSK5	#1212 HSK5	#1213 HSK5	#1214 HSK5	#1215 HSK5
本科 běn kē undergraduate course *premier cycle*	**本领** běn lǐng skill, ability, capability *compétence*	**本质** běn zhì essence, innate character *essence*	**彼此** bǐ cǐ each other, one another *L'une et l'autre*	**比例** bǐ lì proportion, scale *proportion*

#1216 HSK5	#1217 HSK5	#1218 HSK5	#1219 HSK5	#1220 HSK5
必然 bì rán inevitable, certain, necessity *inévitable*	**必要** bì yào necessary, essential *nécessaire*	**毕竟** bì jìng after all, all in all *après tout*	**避免** bì miǎn to avert, to prevent, to avoid *avertir*	**编辑** biān jí to edit, to compile, editor *éditer*

#1221 HSK5	#1222 HSK5	#1223 HSK5	#1224 HSK5	#1225 HSK5
鞭炮	便	辩论	标点	标志
biān pào	biàn	biàn lùn	biāo diǎn	biāo zhì
firecrackers, CL:枚	convenient, as convenient	debate, argument	punctuation, to punctuate, CL:个	sign, mark, symbol, symbolize
pétards	*pratique*	*débat*	*ponctuation*	*signe*

#1226 HSK5	#1227 HSK5	#1228 HSK5	#1229 HSK5	#1230 HSK5
表达	表面	表明	表情	表现
biǎo dá	biǎo miàn	biǎo míng	biǎo qíng	biǎo xiàn
to voice (an opinion), to express	surface, face, outside, appearance	to make clear, to make known	to express one's feelings	to show, to show off
exprimer	*surface*	*clarifier*	*expression*	*frimer*

#1231 HSK5	#1232 HSK5	#1233 HSK5	#1234 HSK5	#1235 HSK5
冰激凌	病毒	播放	玻璃	博物馆
bīng jī líng	bìng dú	bō fàng	bō li	bó wù guǎn
ice cream,	virus	to broadcast, to transmit	glass, nylon, plastic	museum
crème glacée	*virus*	*diffuser*	*Plastique*	*musée*

#1236 HSK5	#1237 HSK5	#1238 HSK5	#1239 HSK5	#1240 HSK5
脖子	不断	不见得	不耐烦	不要紧
bó zi	bú duàn	bú jiàn de	bú nài fán	bú yào jǐn
neck, CL:个	unceasing, uninterrupted	not necessarily, not likely	impatience, impatient	unimportant, not serious
cou	*incessant*	*pas nécessairement*	*impatience*	*sans importance*

#1241 HSK5	#1242 HSK5	#1243 HSK5	#1244 HSK5	#1245 HSK5
补充	不安	不得了	不然	不如
bǔ chōng	bù ān	bù dé liǎo	bù rán	bù rú
to replenish, to supplement, CL:个	unpeaceful, unstable	disastrous, desperately serious	not so, no, or else, otherwise	not equal to, not as good as
reconstituer	*non pacifique*	*catastrophique*	*autrement*	*inférieur à*

#1246 HSK5	#1247 HSK5	#1248 HSK5	#1249 HSK5	#1250 HSK5
不足	布	步骤	部门	财产
bù zú	bù	bù zhòu	bù mén	cái chǎn
insufficient, lacking, deficiency	cloth, to declare, to announce	step, move, measure	department, branch, section	property, assets, estate, CL:笔
insuffisant	*déclarer*	*bouge toi*	*département*	*propriété*

#1251 HSK5	#1252 HSK5	#1253 HSK5	#1254 HSK5	#1255 HSK5
彩虹	踩	采访	采取	参考
cǎi hóng	cǎi	cǎi fǎng	cǎi qǔ	cān kǎo
rainbow	to step on, to tread	to interview, to gather news	to adopt or carry out	reference, to consult, to refer
arc en ciel	*Tamponner*	*interviewer*	*adopter*	*référence*

#1256 HSK5	#1257 HSK5	#1258 HSK5	#1259 HSK5	#1260 HSK5
参与	惭愧	操场	操心	册
cān yù	cán kuì	cāo chǎng	cāo xīn	cè
to participate (in sth)	ashamed, be ashamed	playground, sports field	to worry about	booklet, book, classifier for books
participer	*honteux*	*terrain de jeux*	*se préoccuper de*	*brochure*

#1261 HSK5	#1262 HSK5	#1263 HSK5	#1264 HSK5	#1265 HSK5
测验	曾经	叉子	差距	插
cè yàn	céng jīng	chā zi	chā jù	chā
test, to test, CL:次,个	once, already, former	fork, CL:把	disparity, gap	to insert, stick in, pierce
tester	*précédemment*	*fourchette*	*disparité*	*transpercer*

#1266 HSK5	#1267 HSK5	#1268 HSK5	#1269 HSK5	#1270 HSK5
拆	产品	产生	常识	长途
chāi	chǎn pǐn	chǎn shēng	cháng shí	cháng tú
to tear open, to tear down	goods, merchandise, product, CL:个	to arise, to come into being	common sense	long distance
déchirer	*marchandise*	*se lever*	*culture générale*	*longue distance*

#1271 HSK5	#1272 HSK5	#1273 HSK5	#1274 HSK5	#1275 HSK5
抄	超级	朝	潮湿	吵
chāo	chāo jí	cháo	cháo shī	chǎo
to copy, to plagiarize	transcending, high grade, super	imperial or royal court	moist, damp	to make a noise, noisy
copier	*transcendant*	*dynastie*	*humide*	*bruyant*

#1276 HSK5	#1277 HSK5	#1278 HSK5	#1279 HSK5	#1280 HSK5
吵架	炒	车库	车厢	彻底
chǎo jià	chǎo	chē kù	chē xiāng	chè dǐ
to quarrel, to have a row	pan-fry, to fry, fried, sauté	garage	carriage, CL:节	thorough, thoroughly, complete
se disputer	*faire frire*	*garage*	*le chariot*	*approfondi*

#1281 HSK5	#1282 HSK5	#1283 HSK5	#1284 HSK5	#1285 HSK5
沉默	趁	称	称呼	称赞
chén mò	chèn	chēng	chēng hu	chēng zàn
taciturn, silent, uncommunicative	to avail oneself of	to weigh, to state, to name	to call, to address as, appellation	to praise, to acclaim
taciturne	*prendre avantage de*	*peser*	*appeler*	*Prier*

#1286 HSK5	#1287 HSK5	#1288 HSK5	#1289 HSK5	#1290 HSK5
成分	成果	成就	成立	成人
chéng fèn	chéng guǒ	chéng jiù	chéng lì	chéng rén
composition, make-up, ingredient	result, achievement, gain	success, attain a result	to establish, to set up	adult
composition	*résultat*	*Succès*	*établir*	*adulte*

#1291 HSK5	#1292 HSK5	#1293 HSK5	#1294 HSK5	#1295 HSK5
成熟	成语	成长	承担	承认
chéng shú	chéng yǔ	chéng zhǎng	chéng dān	chéng rèn
mature, ripe	idiom, proverb, saying, adage	to mature, to grow, growth	to undertake, to assume	to admit, to concede
mature	*idiome*	*gagner en maturité*	*à entreprendre*	*admettre*

#1296 HSK5	#1297 HSK5	#1298 HSK5	#1299 HSK5	#1300 HSK5
承受	程度	程序	诚恳	吃亏
chéng shòu	chéng dù	chéng xù	chéng kěn	chī kuī
to bear, to support, to inherit	degree (level or extent)	procedures, sequence, order	sincere, honest, cordial	to suffer losses, to lose out
supporter	*degré*	*procédures*	*sincère*	*venir au chagrin*

#1301 HSK5	#1302 HSK5	#1303 HSK5	#1304 HSK5	#1305 HSK5
持续	池塘	迟早	尺子	翅膀
chí xù	chí táng	chí zǎo	chǐ zi	chì bǎng
to continue, to persist	pool, pond	sooner or later	rule	wing, CL:个,对
continuer	*bassin*	*tôt ou tard*	*règle*	*aile*

#1306 HSK5	#1307 HSK5	#1308 HSK5	#1309 HSK5	#1310 HSK5
充电器	充分	充满	冲	重复
chōng diàn qì	chōng fèn	chōng mǎn	chōng	chóng fù
battery charger	full, abundant	full of, brimming with, very full	(of water) to dash against	to repeat, to duplicate, CL:个
chargeur de batterie	*abondant*	*imprégné*	*infuser*	*répéter*

#1311 HSK5	#1312 HSK5	#1313 HSK5	#1314 HSK5	#1315 HSK5
宠物	抽屉	抽象	丑	臭
chǒng wù	chōu ti	chōu xiàng	chǒu	chòu
house pet	drawer	abstract	clown, disgraceful	stench, stink, smelly
animal domestique	*tiroir*	*abstrait*	*pitre*	*puanteur*

#1316 HSK5	#1317 HSK5	#1318 HSK5	#1319 HSK5	#1320 HSK5
出版	出口	出色	出示	出席
chū bǎn	chū kǒu	chū sè	chū shì	chū xí
to publish, to put out	an exit, to speak, CL:个	remarkable, outstanding	to show, to display,	to attend, to participate, present
de publier	*une sortie*	*remarquable*	*montrer*	*participer*

#1321 HSK5	#1322 HSK5	#1323 HSK5	#1324 HSK5	#1325 HSK5
初级	除非	除夕	处理	传播
chū jí	chú fēi	chú xī	chǔ lǐ	chuán bō
junior, primary	only if (..., or otherwise,...)	(New Year's) Eve	to handle, to treat	to propagate, to disseminate
junior	*sauf si*	*Veille*	*gérer*	*propager*

#1326 HSK5	#1327 HSK5	#1328 HSK5	#1329 HSK5	#1330 HSK5
传染	传说	传统	窗帘	闯
chuán rǎn	chuán shuō	chuán tǒng	chuāng lián	chuǎng
to infect, contagious	legend, folklore, tradition	tradition, traditional	window curtains	to rush, to charge, to dash
Infecter	*Légende*	*tradition*	*rideaux de fenêtre*	*se précipiter*

#1331 HSK5	#1332 HSK5	#1333 HSK5	#1334 HSK5	#1335 HSK5
创造	吹	词汇	辞职	此外
chuàng zào	chuī	cí huì	cí zhí	cǐ wài
to create, to bring about	to blow, to blast, to puff	vocabulary, list of words	to resign	besides, in addition, moreover
créer	*souffler*	*vocabulaire*	*démissionner*	*outre*

#1336 HSK5	#1337 HSK5	#1338 HSK5	#1339 HSK5	#1340 HSK5
刺激	次要	匆忙	从此	从而
cì jī	cì yào	cōng máng	cóng cǐ	cóng ér
to irritate, to provoke	secondary	hasty, hurried	from now on, since then, henceforth	thus, thereby
irriter	*secondaire*	*précipité*	*désormais*	*Donc*

#1341 HSK5	#1342 HSK5	#1343 HSK5	#1344 HSK5	#1345 HSK5
从前	从事	粗糙	促进	促使
cóng qián	cóng shì	cū cāo	cù jìn	cù shǐ
previously, formerly	to go for, to engage in	crude, gruff, rough, coarse,	to promote (an idea or cause)	to induce, to promote
précédemment	*s'engager*	*brut*	*renforcer*	*induire*

#1346 HSK5	#1347 HSK5	#1348 HSK5	#1349 HSK5	#1350 HSK5
醋	催	存在	措施	答应
cù	cuī	cún zài	cuò shī	dā ying
vinegar, acid, jealousy	to urge, to press, to prompt	to exist, to be	measure, step (to be taken), CL:个	to agree, to promise, to reply
le vinaigre	*d'exhorter*	*exister*	*mesure*	*être d'accord*

#1351 HSK5	#1352 HSK5	#1353 HSK5	#1354 HSK5	#1355 HSK5
达到	打工	打交道	打喷嚏	打听
dá dào	dǎ gōng	dǎ jiāo dào	dǎ pēn tì	dǎ ting
to reach, to achieve, to attain	to have a part time job	to come into contact with	to sneeze	to ask about, to inquire about
atteindre	*travail à temps partiel*	*avoir des relations*	*éternuer*	*demander*

#1356 HSK5	#1357 HSK5	#1358 HSK5	#1359 HSK5	#1360 HSK5
大方	大厦	大象	大型	呆
dà fāng	dà shà	dà xiàng	dà xíng	dāi
generous, tasteful, stylish	large building, edifice, mansion	elephant, CL:只	large scale, wide scale	foolish, stupid, expressionless
généreuse	*Manoir*	*l'éléphant*	*grande échelle*	*insensé*

#1361 HSK5	#1362 HSK5	#1363 HSK5	#1364 HSK5	#1365 HSK5
代表	代替	待遇	贷款	单纯
dài biǎo	dài tì	dài yù	dài kuǎn	dān chún
representative	instead, to replace, to substitute	treatment, pay, wages, status	a loan, to provide a loan	simple, pure, alone, merely
représentant	*au lieu*	*traitement*	*un prêt*	*Facile*

#1366 HSK5	#1367 HSK5	#1368 HSK5	#1369 HSK5	#1370 HSK5
单调	单独	单位	单元	担任
dān diào	dān dú	dān wèi	dān yuán	dān rèn
monotonous, uniform, unvarying	by oneself, alone, on one's own	unit (to measure), CL:个	unit (as an entity), element	to serve as
monotone	*seul*	*unité*	*élément*	*pour servir de*

#1371 HSK5	#1372 HSK5	#1373 HSK5	#1374 HSK5	#1375 HSK5
耽误	胆小鬼	淡	当地	当心
dān wu	dǎn xiǎo guǐ	dàn	dāng dì	dāng xīn
to delay, to hold-up	coward	insipid, diluted, weak, mild	local, in the locality	to take care, to look out
retarder	*lâche*	*insipide*	*local*	*faire attention*

#1376 HSK5	#1377 HSK5	#1378 HSK5	#1379 HSK5	#1380 HSK5
挡	倒霉	导演	导致	岛屿
dǎng	dǎo méi	dǎo yǎn	dǎo zhì	dǎo yǔ
to resist, to obstruct	have bad luck, be out of luck	direct, director (film etc)	to lead to, to create, to cause	island
à résister	*pas de chance*	*direct*	*mener*	*île*

#1381 HSK5	#1382 HSK5	#1383 HSK5	#1384 HSK5	#1385 HSK5
到达	道德	道理	登记	等待
dào dá	dào dé	dào lǐ	dēng jì	děng dài
to reach, to arrive	virtue, morality, ethics	reason, argument, sense, CL:个	to register (one's name)	wait for, await
arriver	*vertu*	*raison*	*enregistrer*	*attendre*

#1386 HSK5	#1387 HSK5	#1388 HSK5	#1389 HSK5	#1390 HSK5
等于	滴	敌人	的确	地道
děng yú	dī	dí rén	dí què	dì dao
to equal, to be tantamount to	a drop, to drip	enemy, foe, CL:个	really, indeed	real, pure, genuine, typical
égaler	*une goutte*	*ennemi*	*En effet*	*pur*

#1391 HSK5	#1392 HSK5	#1393 HSK5	#1394 HSK5	#1395 HSK5
地理	地区	地毯	地位	地震
dì lǐ	dì qū	dì tǎn	dì wèi	dì zhèn
geography	regional, local, CL:个	carpet, rug	position, status, place, CL:个	earthquake
la géographie	*régional*	*tapis*	*position*	*tremblement de terre*

#1396 HSK5	#1397 HSK5	#1398 HSK5	#1399 HSK5	#1400 HSK5
递	点心	电池	电台	钓
dì	diǎn xin	diàn chí	diàn tái	diào
to hand over, to pass on sth	pastry, dessert	battery, CL:节 ,组	transmitter-receiver, CL:个	to fish with a hook and bait
progressivement	*Pâtisserie*	*batterie*	*émetteur-récepteur*	*à pêcher*

#1401 HSK5	#1402 HSK5	#1403 HSK5	#1404 HSK5	#1405 HSK5
顶	冻	动画片	洞	豆腐
dǐng	dòng	dòng huà piān	dòng	dòu fu
crown of the head, top, roof	to freeze, to feel very cold	cartoon, animation	cave, hole, CL:个	tofu, bean curd
couronne	*geler*	*dessin animé*	*la grotte*	*Tofu*

#1406 HSK5	#1407 HSK5	#1408 HSK5	#1409 HSK5	#1410 HSK5
逗	独立	独特	度过	断
dòu	dú lì	dú tè	dù guò	duàn
to tease, to play with	independent, independence	distinct, unique	to spend, to pass	to break, to snap, to cut off
taquiner	*indépendant*	*distinct*	*dépenser*	*casser*

#1411 HSK5	#1412 HSK5	#1413 HSK5	#1414 HSK5	#1415 HSK5
堆	兑换	对比	对待	对方
duī	duì huàn	duì bǐ	duì dài	duì fāng
to pile up, to heap up	to convert, to exchange	contrast, ratio, CL:个	to treat, treatment	counterpart, opposite side
empiler	*convertir*	*contraste*	*traiter*	*homologue*

#1416 HSK5	#1417 HSK5	#1418 HSK5	#1419 HSK5	#1420 HSK5
对手	对象	吨	蹲	顿
duì shǒu	duì xiàng	dūn	dūn	dùn
opponent, adversary, rival	target, object, partner	ton	to crouch, to squat	to pause, to stop, to lay out
adversaire	*cible*	*tonne*	*s'accroupir*	*arrêter, mettre en pause*

#1421 HSK5	#1422 HSK5	#1423 HSK5	#1424 HSK5	#1425 HSK5
多亏	多余	朵	躲藏	恶劣
duō kuī	duō yú	duǒ	duǒ cáng	è liè
thanks to, luckily	superfluous, unnecessary, surplus	earlobe	to hide oneself, to take cover	vile, nasty, of very poor quality
Heureusement	*superflu*	*lobe de l'oreille*	*cacher*	*vil*

#1426 HSK5	#1427 HSK5	#1428 HSK5	#1429 HSK5	#1430 HSK5
耳环	发表	发愁	发达	发抖
ěr huán	fā biǎo	fā chóu	fā dá	fā dǒu
earring, CL:只 ,对	to publish, to issue	to worry, to fret, to be anxious	developed (country etc)	to tremble, to shake, to shiver
boucle d'oreille	*de publier*	*s'inquiéter*	*développé*	*trembler*

#1431 HSK5	#1432 HSK5	#1433 HSK5	#1434 HSK5	#1435 HSK5
发挥	发明	发票	发言	罚款
fā huī	fā míng	fā piào	fā yán	fá kuǎn
to display, to exhibit	to invent, invention, CL:个	receipt or bill for purchase	to make a speech, statement	(impose a) fine, penalty
afficher	*inventer*	*facture d'achat*	*déclaration*	*peine*

#1436 HSK5	#1437 HSK5	#1438 HSK5	#1439 HSK5	#1440 HSK5
法院	翻	繁荣	反而	反复
fǎ yuàn	fān	fán róng	fǎn ér	fǎn fù
court of law, court	to turn over, to flip over	prosperous, booming (economy)	instead, on the contrary	repeatedly, over and over
tribunal	*retourner*	*prospère*	*au lieu*	*à plusieurs reprises*

#1441 HSK5	#1442 HSK5	#1443 HSK5	#1444 HSK5	#1445 HSK5
反应	反映	范围	方	方案
fǎn yìng	fǎn yìng	fàn wéi	fāng	fāng àn
to react, to respond	to mirror, to reflect, mirror image	limit, range, scope, extent, CL:个	square, upright	plan (for action), CL:个
réagir	*refléter*	*limite*	*droit*	*plan*

#1446 HSK5	#1447 HSK5	#1448 HSK5	#1449 HSK5	#1450 HSK5
方式	妨碍	仿佛	肥皂	废话
fāng shì	fáng ài	fǎng fú	féi zào	fèi huà
way (of life), pattern, mode	to hinder, to obstruct	to seem, as if, alike, similar	soap, CL:块 ,条	nonsense, No kidding!
modèle	*gêner*	*ressemblent*	*savon*	*absurdité*

#1451 HSK5	#1452 HSK5	#1453 HSK5	#1454 HSK5	#1455 HSK5
分别	分布	分配	分手	分析
fēn bié	fēn bù	fēn pèi	fēn shǒu	fēn xī
to part or leave each other	distributed, to distribute	to assign, to allocate	to part company, to split up	to analyze, analysis, CL:个
distinguer	*distribué*	*assigner*	*rompre*	*analyser*

#1456 HSK5	#1457 HSK5	#1458 HSK5	#1459 HSK5	#1460 HSK5
纷纷	奋斗	疯狂	风格	风景
fēn fēn	fèn dòu	fēng kuáng	fēng gé	fēng jǐng
one after another, in succession	to strive, to struggle, to fight	crazy, frantic, madness	style, maneer, mode	scenery, landscape, CL:个
un par un	*s'efforcer*	*fou*	*style*	*paysage*

#1461 HSK5	#1462 HSK5	#1463 HSK5	#1464 HSK5	#1465 HSK5
风俗	风险	讽刺	否定	否认
fēng sú	fēng xiǎn	fěng cì	fǒu dìng	fǒu rèn
social custom, CL:个	risk, venture, hazard	to satirize, to mock, irony	to negate, negative (answer), CL:个	to deny, to declare to be untrue
coutume sociale	risque	satiriser	nier	nier

#1466 HSK5	#1467 HSK5	#1468 HSK5	#1469 HSK5	#1470 HSK5
幅	扶	服装	辅导	复制
fú	fú	fú zhuāng	fǔ dǎo	fù zhì
width, roll	to support with hand	clothing, dress, costume	to coach, to tutor	to duplicate, to make a copy of
largeur	aider	Vêtements	entraîner	dupliquer

#1471 HSK5	#1472 HSK5	#1473 HSK5	#1474 HSK5	#1475 HSK5
妇女	改革	改进	改善	改正
fù nv3	gǎi gé	gǎi jìn	gǎi shàn	gǎi zhèng
woman	to reform, reform, CL:个	to improve, to make better, CL:个	to make better, to improve, CL:个	to correct, to amend
femme	réformer	améliorer	faire mieux	corriger

#1476 HSK5	#1477 HSK5	#1478 HSK5	#1479 HSK5	#1480 HSK5
概括	概念	盖	干脆	干燥
gài kuò	gài niàn	gài	gān cuì	gān zào
to summarize, to generalize	concept, idea, CL:个	lid, to cover, canopy, to build	straightforward	to dry (of weather, paint
résumer	concept	couvercle	simple	sécher

#1481 HSK5	#1482 HSK5	#1483 HSK5	#1484 HSK5	#1485 HSK5
感激	感受	感想	赶紧	赶快
gǎn jī	gǎn shòu	gǎn xiǎng	gǎn jǐn	gǎn kuài
to express thanks, grateful	to sense, perception	impressions, reflections	to hurry up, hurriedly	immediately, at once,
reconnaissant	*sentir*	*impressions*	*précipitamment*	*immédiatement*

#1486 HSK5	#1487 HSK5	#1488 HSK5	#1489 HSK5	#1490 HSK5
干活儿	钢铁	高档	高级	搞
gàn huó r	gāng tiě	gāo dàng	gāo jí	gǎo
to work manually, manual labor	steel, strong, firm, staunch	superior quality, high grade	high level, high grade	to do, to make, to go in for
travail manuel	*acier*	*Qualité supérieure*	*haut rang*	*faire*

#1491 HSK5	#1492 HSK5	#1493 HSK5	#1494 HSK5	#1495 HSK5
告别	格外	隔壁	个别	个人
gào bié	gé wài	gé bì	gè bié	gè rén
to leave, to bid farewell to	especially, particularly	next door, neighbor	individual, specific, respective	individual, personal, oneself
dire au revoir	*particulièrement*	*voisin*	*individuel*	*soi-même*

#1496 HSK5	#1497 HSK5	#1498 HSK5	#1499 HSK5	#1500 HSK5
个性	各自	根	根本	公布
gè xìng	gè zì	gēn	gēn běn	gōng bù
individuality, personality	each, respective, apiece	root, basis	fundamental, basic, root	to announce, to make public
personnalité	*respectif*	*base*	*fondamental*	*annoncer*

#1501 HSK5	#1502 HSK5	#1503 HSK5	#1504 HSK5	#1505 HSK5
公开	公平	公寓	公元	公主
gōng kāi	gōng píng	gōng yù	gōng yuán	gōng zhǔ
public, to publish, to make public	fair, impartial	apartment building	(year) AD, Christian era	princess
Publique	*impartial*	*appartement*	*Ère chrétienne*	*Princesse*

#1506 HSK5	#1507 HSK5	#1508 HSK5	#1509 HSK5	#1510 HSK5
功能	工厂	工程师	工具	工人
gōng néng	gōng chǎng	gōng chéng shī	gōng jù	gōng rén
function, capability	factory, plant, CL:家,座	engineer, CL:个,位,名	tool, instrument, utensil	worker, CL:个,名
une fonction	*usine*	*ingénieur*	*outil*	*ouvrier*

#1511 HSK5	#1512 HSK5	#1513 HSK5	#1514 HSK5	#1515 HSK5
工业	恭喜	贡献	沟通	构成
gōng yè	gōng xǐ	gòng xiàn	gōu tōng	gòu chéng
industry, CL:种	congratulations, greetings,	to contribute, to dedicate	communicate	to constitute, to form
industrie	*toutes nos félicitations*	*contribuer*	*communiquer*	*constituer*

#1516 HSK5	#1517 HSK5	#1518 HSK5	#1519 HSK5	#1520 HSK5
姑姑	姑娘	古代	古典	股票
gū gu	gū niang	gǔ dài	gǔ diǎn	gǔ piào
paternal aunt, CL:个	young woman, young lady	ancient times, olden times	classical	share, stock (market)
tante paternelle	*jeune femme*	*les temps anciens*	*classique*	*actions*

#1521 HSK5	#1522 HSK5	#1523 HSK5	#1524 HSK5	#1525 HSK5
骨头	鼓舞	鼓掌	固定	挂号
gǔ tou	gǔ wǔ	gǔ zhǎng	gù dìng	guà hào
bone, strong character	heartening (news), boost (morale)	to applaud, to clap	fixed, set, regular	to register (at a hospital)
OS	*renforcer*	*applaudir*	*fixé*	*enregistrer*

#1526 HSK5	#1527 HSK5	#1528 HSK5	#1529 HSK5	#1530 HSK5
乖	拐弯	怪不得	关闭	官
guāi	guǎi wān	guài bu de	guān bì	guān
well-behaved, clever, shrewd	to go round a curve	you can't blame it!, no wonder!	to close, to shut	official, government
bien élevé	*tourner un coin*	*pas étonnant!*	*fermer*	*gouvernement*

#1531 HSK5	#1532 HSK5	#1533 HSK5	#1534 HSK5	#1535 HSK5
观察	观点	观念	管子	冠军
guān chá	guān diǎn	guān niàn	guǎn zǐ	guàn jūn
to observe, to watch	point of view, viewpoint	thought, notion, concept, sense	tube, pipe, drinking straw	champion, CL:个
observer	*point de vue*	*notion*	*tube*	*champion*

#1536 HSK5	#1537 HSK5	#1538 HSK5	#1539 HSK5	#1540 HSK5
光滑	光临	光明	光盘	广场
guāng hua	guāng lín	guāng míng	guāng pán	guǎng chǎng
glossy, sleek, smooth	It is an honor to have you.	illumination, light, radiance	compact disc, CD ROM	a public square
brillant	*Bienvenue!*	*éclairage*	*disque compact*	*une place publique*

#1541 HSK5	#1542 HSK5	#1543 HSK5	#1544 HSK5	#1545 HSK5
广大	广泛	归纳	规矩	规律
guǎng dà	guǎng fàn	guī nà	guī ju	guī lv4
(of an area) vast or extensive	extensive, wide range	to sum up, to summarize	established practice, rule	rule (e.g. of science)
répandu	*extensif*	*résumer*	*douane*	*règle*

#1546 HSK5	#1547 HSK5	#1548 HSK5	#1549 HSK5	#1550 HSK5
规模	规则	柜台	滚	锅
guī mó	guī zé	guì tái	gǔn	guō
scale, scope, extent, CL:个	regulation, rules and regulations	sales counter, front desk, bar	to roll, to get away	pan, pot, boiler
échelle	*régulation*	*réception*	*à rouler*	*la poêle*

#1551 HSK5	#1552 HSK5	#1553 HSK5	#1554 HSK5	#1555 HSK5
国庆节	国王	果然	果实	过分
guó qìng jié	guó wáng	guǒ rán	guǒ shí	guò fèn
PRC National Day (October 1st)	king, CL:個|个,	sure enough, as expected, really	fruit (from work), results, gains	excessive, undue, overly
Fête nationale de la RPC	*Roi*	*vraiment*	*résultats*	*excessif*

#1556 HSK5	#1557 HSK5	#1558 HSK5	#1559 HSK5	#1560 HSK5
过敏	过期	哈	海关	海鲜
guò mǐn	guò qī	hā	hǎi guān	hǎi xiān
to be allergic, allergy	to be overdue, to expire	laughter, yawn	customs	seafood
allergie	*expirer*	*rire*	*douane*	*Fruit de mer*

#1561 HSK5	#1562 HSK5	#1563 HSK5	#1564 HSK5	#1565 HSK5
喊	行业	豪华	好客	好奇
hǎn	háng yè	háo huá	hào kè	hào qí
to yell, to call, to cry, to shout	industry, business	luxurious	hospitality, to treat guests well	inquisitive, curious
crier	*industrie*	*luxueux*	*hospitalité*	*curieuse*

#1566 HSK5	#1567 HSK5	#1568 HSK5	#1569 HSK5	#1570 HSK5
何必	合法	合理	合同	合影
hé bì	hé fǎ	hé lǐ	hé tong	hé yǐng
there is no need, why should	lawful, legitimate, legal	rational, reasonable, fair	(business) contract, CL:个	joint photo, group photo
il n'y a pas besoin	*légitime*	*rationnel*	*Contrat*	*photo de groupe*

#1571 HSK5	#1572 HSK5	#1573 HSK5	#1574 HSK5	#1575 HSK5
合作	和平	核心	恨	猴子
hé zuò	hé píng	hé xīn	hèn	hóu zi
to cooperate, to collaborate, CL:个	peace	core, nucleus	to hate, to regret	monkey, CL:只
coopérer	*paix*	*noyau*	*détester*	*singe*

#1576 HSK5	#1577 HSK5	#1578 HSK5	#1579 HSK5	#1580 HSK5
后果	呼吸	忽然	忽视	壶
hòu guǒ	hū xī	hū rán	hū shì	hú
consequences, aftermath	to breathe	suddenly, all of a sudden	to neglect, to ignore	pot, classifier for bottled liquid
conséquences	*respirer*	*soudainement*	*négliger*	*pot*

#1581 HSK5	#1582 HSK5	#1583 HSK5	#1584 HSK5	#1585 HSK5
糊涂 hú tu muddled, silly, confused *idiot*	胡说 hú shuō to talk nonsense, drivel *radotage*	胡同 hú tòng lane, alley, CL:条 *ruelle*	蝴蝶 hú dié butterfly, CL:只 *papillon*	花生 huā shēng peanut, groundnut, CL:粒 *cacahuète*

#1586 HSK5	#1587 HSK5	#1588 HSK5	#1589 HSK5	#1590 HSK5
华裔 huá yì ethnic Chinese *ethnique chinois*	滑 huá to slip, to slide, smooth *glisser*	划 huà to row, to paddle, profitable *à pagayer*	化学 huà xué chemistry, chemical *chimique*	话题 huà tí subject (of a talk or conversation) *sujet*

#1591 HSK5	#1592 HSK5	#1593 HSK5	#1594 HSK5	#1595 HSK5
怀念 huái niàn to cherish the memory of *se remémorer*	怀孕 huái yùn pregnant, to have conceived *Enceinte*	缓解 huǎn jiě to ease, to help relieve (a crisis) *pour faciliter*	幻想 huàn xiǎng delusion, fantasy *illusion*	慌张 huāng zhāng confused, flustered *confus*

#1596 HSK5	#1597 HSK5	#1598 HSK5	#1599 HSK5	#1600 HSK5
黄金 huáng jīn gold *or*	恢复 huī fù to reinstate, to resume *réintégrer*	挥 huī to wave, to brandish *dire au revoir*	灰 huī ash, dust, lime, gray *cendre*	灰尘 huī chén dust *poussière*

#1601 HSK5	#1602 HSK5	#1603 HSK5	#1604 HSK5	#1605 HSK5
灰心	汇率	婚礼	婚姻	活跃
huī xīn	huì lv4	hūn lǐ	hūn yīn	huó yuè
lose heart, be discouraged	exchange rate	wedding ceremony, wedding	matrimony, wedding, marriage	active, vigorous
découragé	*taux de change*	*mariage*	*mariage*	*vigoureux*

#1606 HSK5	#1607 HSK5	#1608 HSK5	#1609 HSK5	#1610 HSK5
伙伴	火柴	或许	基本	机器
huǒ bàn	huǒ chái	huò xǔ	jī běn	jī qì
partner, companion, comrade	match (for lighting fire)	perhaps, maybe	basic, fundamental, main	machine, CL:台 ,部 ,个
partenaire	*allumer le feu*	*peut-être*	*de base*	*machine*

#1611 HSK5	#1612 HSK5	#1613 HSK5	#1614 HSK5	#1615 HSK5
激烈	肌肉	及格	急忙	急诊
jī liè	jī ròu	jí gé	jí máng	jí zhěn
intense, acute, fierce	muscle, flesh	to pass a test	hastily	emergency call
intense	*muscle*	*Passer un test*	*hâtivement*	*urgence*

#1616 HSK5	#1617 HSK5	#1618 HSK5	#1619 HSK5	#1620 HSK5
极其	集合	集体	集中	寂寞
jí qí	jí hé	jí tǐ	jí zhōng	jì mò
extremely	a congregation, to gather, a set	collective, social, team, CL:个	to concentrate, to centralize	lonely, lonesome
extrêmement	*une congrégation*	*collectif*	*se concentrer*	*solitaire*

#1621 HSK5	#1622 HSK5	#1623 HSK5	#1624 HSK5	#1625 HSK5
系领带	纪录	纪律	纪念	计算
jì lǐng dài	jì lù	jì lv4	jì niàn	jì suàn
tie one's necktie	record , note	discipline	to commemorate, to remember, CL:个	to count, to calculate
attacher sa cravate	*Remarque*	*la discipline*	*commémorer*	*compter*

#1626 HSK5	#1627 HSK5	#1628 HSK5	#1629 HSK5	#1630 HSK5
记录	记忆	嘉宾	夹子	家庭
jì lù	jì yì	jiā bīn	jiā zi	jiā tíng
to take notes, keep the minutes	memories, remember, memory, CL:个	esteemed guest, honored guest	clip, clamp, tongs, folder, wallet	family, household, CL:户 ,个
record	*souvenirs*	*invité d'honneur*	*serrer*	*famille*

#1631 HSK5	#1632 HSK5	#1633 HSK5	#1634 HSK5	#1635 HSK5
家务	家乡	假如	假设	假装
jiā wù	jiā xiāng	jiǎ rú	jiǎ shè	jiǎ zhuāng
household duties, housework	hometown, native place, CL:个	supposing, if	hypothesis, conjecture	to feign, to pretend
travaux ménagers	*ville natale*	*supposant*	*hypothèse*	*Faire semblant*

#1636 HSK5	#1637 HSK5	#1638 HSK5	#1639 HSK5	#1640 HSK5
甲	价值	嫁	驾驶	兼职
jiǎ	jià zhí	jià	jià shǐ	jiān zhí
first	value, worth	(of a woman) to marry	to pilot (ship, airplane etc)	to hold concurrent posts
premier	*valeur*	*se marier*	*piloter OU diriger*	*travail simultané*

#1641 HSK5	#1642 HSK5	#1643 HSK5	#1644 HSK5	#1645 HSK5
坚决	坚强	肩膀	艰巨	艰苦
jiān jué	jiān qiáng	jiān bǎng	jiān jù	jiān kǔ
firm, resolute, determined	staunch, strong	shoulder	arduous, terrible (task)	difficult, hard, arduous
résolu	*étancher*	*épaule*	*difficile*	*difficile*

#1646 HSK5	#1647 HSK5	#1648 HSK5	#1649 HSK5	#1650 HSK5
剪刀	捡	简历	简直	健身
jiǎn dāo	jiǎn	jiǎn lì	jiǎn zhí	jiàn shēn
scissors, CL:把	to pick up, to collect, to gather	Curriculum Vitae (CV)	simply, at all, practically	to exercise, to keep fit
les ciseaux	*ramasser*	*reprendre*	*pratiquement*	*s'exercer*

#1651 HSK5	#1652 HSK5	#1653 HSK5	#1654 HSK5	#1655 HSK5
建立	建设	建筑	键盘	讲究
jiàn lì	jiàn shè	jiàn zhù	jiàn pán	jiǎng jiu
to establish, to set up	to build, to construct	building, to construct	keyboard	to pay particular attention to
établir	*construire*	*bâtiment*	*clavier*	*esthétique*

#1656 HSK5	#1657 HSK5	#1658 HSK5	#1659 HSK5	#1660 HSK5
讲座	酱油	交换	交际	交往
jiǎng zuò	jiàng yóu	jiāo huàn	jiāo jì	jiāo wǎng
a course of lectures, CL:个	soy sauce	to exchange, to swap	communication, social intercourse	to associate, to contact
conférences	*sauce soja*	*échanger*	*la communication*	*associer*

#1661 HSK5	#1662 HSK5	#1663 HSK5	#1664 HSK5	#1665 HSK5
浇	胶水	狡猾	角度	教材
jiāo	jiāo shuǐ	jiǎo huá	jiǎo dù	jiào cái
to pour liquid, to water	glue	crafty, cunning, sly	angle, point of view	teaching material, CL:本
irriguer	*la colle*	*rusé*	*angle*	*Matériel d'apprentissage*

#1666 HSK5	#1667 HSK5	#1668 HSK5	#1669 HSK5	#1670 HSK5
教练	教训	接触	接待	接近
jiào liàn	jiào xun	jiē chù	jiē dài	jiē jìn
instructor, sports coach	a lesson, a moral, to chide sb	to touch, to contact, access	to receive (a visitor)	near, close to
instructeur	*une leçon*	*toucher*	*admettre*	*proche de*

#1671 HSK5	#1672 HSK5	#1673 HSK5	#1674 HSK5	#1675 HSK5
结实	阶段	结构	结合	结论
jiē shi	jiē duàn	jié gòu	jié hé	jié lùn
rugged, sturdy	stage, section, phase, period, CL:个	structure, composition	to combine, to link CL:次	conclusion, verdict, to conclude
solide	*étape*	*structure*	*combiner*	*conclusion*

#1676 HSK5	#1677 HSK5	#1678 HSK5	#1679 HSK5	#1680 HSK5
结账	节省	借口	届	戒
jié zhàng	jié shěng	jiè kǒu	jiè	jiè
to pay the bill, to settle accounts	saving, to save, to use sparingly	to use as an excuse, on the pretext	to arrive at (place or time)	to guard against, to exhort
payer l'addition	*économie*	*sous prétexte*	*arriver à*	*admonester*

#1681 HSK5	#1682 HSK5	#1683 HSK5	#1684 HSK5	#1685 HSK5
戒指	**金属**	**尽快**	**紧急**	**谨慎**
jiè zhǐ	jīn shǔ	jìn kuài	jǐn jí	jǐn shèn
(finger) ring	metal, CL:种	as quickly as possible	urgent, emergency	cautious, prudent
bague	*métal*	*Dès que possible*	*urgence*	*prudent*

#1686 HSK5	#1687 HSK5	#1688 HSK5	#1689 HSK5	#1690 HSK5
尽力	**尽量**	**近代**	**进步**	**进口**
jìn lì	jìn liàng	jìn dài	jìn bù	jìn kǒu
to strive one's hardest	as much as possible	modern times	progress, improvement	to import, imported
pour ne ménager aucun effort	*autant que possible*	*les temps modernes*	*le progrès*	*importer*

#1691 HSK5	#1692 HSK5	#1693 HSK5	#1694 HSK5	#1695 HSK5
精力	**精神**	**经典**	**经商**	**经营**
jīng lì	jīng shén	jīng diǎn	jīng shāng	jīng yíng
energy	spirit, mind, consciousness	the classics, scriptures, classical	to trade, in business	to engage in (business etc)
énergie	*esprit*	*Écritures*	*faire du commerce*	*opérer*

#1696 HSK5	#1697 HSK5	#1698 HSK5	#1699 HSK5	#1700 HSK5
酒吧	**救**	**救护车**	**舅舅**	**居然**
jiǔ bā	jiù	jiù hù chē	jiù jiu	jū rán
bar, pub, saloon, CL:家	to rescue, to save, to assist	ambulance, CL:辆	mother's brother	unexpectedly, to one's surprise
salon	*sauver*	*ambulance*	*oncle maternel*	*de façon inattendue*

#1701 HSK5	#1702 HSK5	#1703 HSK5	#1704 HSK5	#1705 HSK5
桔子	俱乐部	具备	具体	巨大
jú zi	jù lè bù	jù bèi	jù tǐ	jù dà
tangerine, CL:个,瓣	club (i.e. a group or organization)	to possess, to have	concrete, definite, specific	huge, immense, very large
mandarine	*club*	*posséder*	*béton*	*énorme*

#1706 HSK5	#1707 HSK5	#1708 HSK5	#1709 HSK5	#1710 HSK5
据说	捐	决赛	决心	绝对
jù shuō	juān	jué sài	jué xīn	jué duì
it is said that, reportedly	to contribute, to donate	finals (of a competition)	determination, resolution	absolute, unconditional
aurait	*contribuer*	*finales*	*détermination*	*absolu*

#1711 HSK5	#1712 HSK5	#1713 HSK5	#1714 HSK5	#1715 HSK5
角色	军事	均匀	卡车	开发
jué sè	jūn shì	jūn yún	kǎ chē	kāi fā
persona, role, character in a novel	military affairs	well-distributed, homogeneous, even	truck, CL:辆	exploit (a resource)
personnage	*militaire*	*homogène*	*un camion*	*exploit*

#1716 HSK5	#1717 HSK5	#1718 HSK5	#1719 HSK5	#1720 HSK5
开放	开幕式	开水	砍	看不起
kāi fàng	kāi mù shì	kāi shuǐ	kǎn	kàn bu qǐ
to lift (a ban or restriction)	opening ceremony	boiled water, boiling water	to chop, to cut down	to look down upon, to despise
soulever	*cérémonie d'ouverture*	*eau bouillante*	*couper*	*mépriser*

#1721 HSK5	#1722 HSK5	#1723 HSK5	#1724 HSK5	#1725 HSK5
看望	靠	可见	可靠	可怕
kàn wàng	kào	kě jiàn	kě kào	kě pà
to visit, to pay a call to	to lean against or on	it can clearly be seen	reliable	dreadful, fearful, formidable
visiter	*s'appuyer contre*	*visible*	*fiable*	*terrible*

#1726 HSK5	#1727 HSK5	#1728 HSK5	#1729 HSK5	#1730 HSK5
克	克服	刻苦	客观	课程
kè	kè fú	kè kǔ	kè guān	kè chéng
to be able to, to subdue	(try to) overcome (hardships etc)	hardworking, assiduous	objective, impartial	course, class
surpasser	*conquérir*	*travailleur*	*objectif*	*cours*

#1731 HSK5	#1732 HSK5	#1733 HSK5	#1734 HSK5	#1735 HSK5
空间	控制	空闲	口味	夸
kōng jiān	kòng zhì	kòng xián	kǒu wèi	kuā
space (astronomy), CL:个	control, to exercise control over	idle, free time, leisure	a person's preferences	to boast, to exaggerate, to praise
espace	*contrôle*	*tourner au ralenti*	*saveur*	*se vanter*

#1736 HSK5	#1737 HSK5	#1738 HSK5	#1739 HSK5	#1740 HSK5
夸张	会计	宽	昆虫	扩大
kuā zhāng	kuài jì	kuān	kūn chóng	kuò dà
to exaggerate, overstated	accountant, accountancy, accounting	wide, broad, lenient	insect	to expand, to enlarge
Exagérer	*comptable*	*indulgent*	*insecte*	*étendre*

#1741 HSK5	#1742 HSK5	#1743 HSK5	#1744 HSK5	#1745 HSK5
辣椒	拦	烂	朗读	劳动
là jiāo	lán	làn	lǎng dú	láo dòng
hot pepper, chili	to cut off, to hinder	well-cooked and soft, mushy	read aloud, read loudly and clearly	physical labor, work, toil
piment	*gêner*	*bien cuit*	*lit à voix haute*	*labeur*

#1746 HSK5	#1747 HSK5	#1748 HSK5	#1749 HSK5	#1750 HSK5
劳驾	姥姥	老百姓	老板	老婆
láo jià	lǎo lao	lǎo bǎi xìng	lǎo bǎn	lǎo pó
excuse me	(informal) mother's mother	ordinary people	boss, keeper	(coll.) wife,
Excusez-moi	*grand-mère*	*des gens ordinaires*	*patron*	*épouse*

#1751 HSK5	#1752 HSK5	#1753 HSK5	#1754 HSK5	#1755 HSK5
老实	老鼠	乐观	雷	类型
lǎo shi	lǎo shǔ	lè guān	léi	lèi xíng
honest, sincere	rat, mouse, CL:只	optimistic, hopeful	thunder, terrific	type, category, genre, form, style,
honnête	*rat*	*optimiste*	*tonnerre*	*type*

#1756 HSK5	#1757 HSK5	#1758 HSK5	#1759 HSK5	#1760 HSK5
冷淡	厘米	梨	离婚	理论
lěng dàn	lí mǐ	lí	lí hūn	lǐ lùn
cold, indifferent	centimeter	pear, CL:个	to divorce	theory, CL:个
indifférent	*centimètre*	*poire*	*divorcer*	*théorie*

#1761 HSK5	#1762 HSK5	#1763 HSK5	#1764 HSK5	#1765 HSK5
理由	利润	利息	利益	利用
lǐ yóu	lì rùn	lì xī	lì yì	lì yòng
reason, grounds, justification	profits	interest (on a loan), CL:笔	benefit, (in sb's) interest, CL:个	exploit, make use of, to use
raison	bénéfices	intérêts sur un prêt	avantage	exploit

#1766 HSK5	#1767 HSK5	#1768 HSK5	#1769 HSK5	#1770 HSK5
力量	立即	立刻	联合	连忙
lì liang	lì jí	lì kè	lián hé	lián máng
power, force, strength	immediately	forthwith, immediate, prompt	to combine, to join, unite	promptly, at once
Puissance	immédiatement	immédiatement	combiner	rapidement

#1771 HSK5	#1772 HSK5	#1773 HSK5	#1774 HSK5	#1775 HSK5
连续	恋爱	粮食	良好	亮
lián xù	liàn ài	liáng shi	liáng hǎo	liàng
continuous, in a row, serial	to have an affair, CL:个	foodstuff, cereals, CL:种	good, favorable, well, fine	bright, clear, resonant, to shine
continu	amoureux	produit alimentaire	favorable	brillant

#1776 HSK5	#1777 HSK5	#1778 HSK5	#1779 HSK5	#1780 HSK5
了不起	列车	临时	灵活	铃
liǎo bu qǐ	liè chē	lín shí	líng huó	líng
amazing, terrific, extraordinary	(railway) train	at the instant sth happens	flexible, nimble, agile	(small) bell, CL:只
incroyable	chemin de fer	temporaire	souple	cloche

#1781 HSK5	#1782 HSK5	#1783 HSK5	#1784 HSK5	#1785 HSK5
零件	零食	领导	领域	流传
líng jiàn	líng shí	lǐng dǎo	lǐng yù	liú chuán
part, component	between-meal nibbles, snacks	to lead, leading, leadership	domain, sphere, field, territory	to spread, to circulate
composant	*collations*	*mener*	*domaine*	*se propager*

#1786 HSK5	#1787 HSK5	#1788 HSK5	#1789 HSK5	#1790 HSK5
流泪	浏览	龙	漏	录取
liú lèi	liú lǎn	lóng	lòu	lù qǔ
to shed tears	to skim over, to browse	dragon, CL:条, imperial	to leak, to divulge	to recruit, to enroll
verser des larmes	*à parcourir*	*dragon*	*couler*	*recruter*

#1791 HSK5	#1792 HSK5	#1793 HSK5	#1794 HSK5	#1795 HSK5
录音	陆地	陆续	轮流	论文
lù yīn	lù dì	lù xù	lún liú	lùn wén
to record (sound)	dry land (as opposed to the sea)	in turn, bit by bit	to alternate, to take turns	treatise, thesis, paper
enregistrer	*pays sec*	*à son tour*	*alterner*	*traité*

#1796 HSK5	#1797 HSK5	#1798 HSK5	#1799 HSK5	#1800 HSK5
逻辑	落后	骂	麦克风	馒头
luó ji	luò hòu	mà	mài kè fēng	mán tou
logic (loanword)	to fall behind, backward	to scold, abuse	microphone (loanword)	steamed roll, steamed bun
logique	*à la traîne*	*gronder*	*microphone*	*rouleau cuit à la vapeur*

#1801 HSK5	#1802 HSK5	#1803 HSK5	#1804 HSK5	#1805 HSK5
满足	毛病	矛盾	冒险	贸易
mǎn zú	máo bìng	máo dùn	mào xiǎn	mào yì
to satisfy, to meet (the needs of)	fault, problem, defect	contradictory, contradiction, CL:个	to take risks, to take chance	(commercial) trade, CL:个
satisfaire	*faute*	*contradictoire*	*prendre des risques*	*les échanges commerciaux*

#1806 HSK5	#1807 HSK5	#1808 HSK5	#1809 HSK5	#1810 HSK5
媒体	煤炭	眉毛	美术	魅力
méi tǐ	méi tàn	méi mao	měi shù	mèi lì
media, esp. news media	coal	eyebrow, CL:根	art, fine arts, painting	charm, fascination, glamor
médias	*charbon*	*sourcil*	*La peinture*	*charme*

#1811 HSK5	#1812 HSK5	#1813 HSK5	#1814 HSK5	#1815 HSK5
梦想	密切	秘密	秘书	蜜蜂
mèng xiǎng	mì qiè	mì mì	mì shū	mì fēng
to dream of, to hope in vain	close, familiar, intimate	secret, CL:个	secretary	bee, honeybee, CL:只 ,群
à rêver de	*familier*	*secret*	*secrétaire*	*abeille*

#1816 HSK5	#1817 HSK5	#1818 HSK5	#1819 HSK5	#1820 HSK5
面对	面积	面临	描写	苗条
miàn duì	miàn jī	miàn lín	miáo xiě	miáo tiáo
to confront, to face	surface area	to face sth, to be confronted with	to describe, to depict	slim, slender, graceful
faire face à	*surface*	*faire face à*	*décrire*	*svelte*

#1821 HSK5	#1822 HSK5	#1823 HSK5	#1824 HSK5	#1825 HSK5
敏感	**名牌**	**名片**	**名胜古迹**	**明确**
mǐn gǎn	míng pái	míng piàn	míng shèng gǔ jì	míng què
sensitive, susceptible	famous brand	(business) card	historical sites and scenic spots	to clarify, explicit, clear-cut
sensible	*marque célèbre*	*carte de visite*	*sites historiques*	*clarifier*

#1826 HSK5	#1827 HSK5	#1828 HSK5	#1829 HSK5	#1830 HSK5
明显	**明星**	**命令**	**命运**	**摸**
míng xiǎn	míng xīng	mìng lìng	mìng yùn	mō
obvious, distinct, clear	star, celebrity	order, command, CL:道,个	destiny, fate, CL:个	to feel with the hand
évident	*célébrité*	*commander*	*destin*	*tâtonner*

#1831 HSK5	#1832 HSK5	#1833 HSK5	#1834 HSK5	#1835 HSK5
摩托车	**模仿**	**模糊**	**模特**	**陌生**
mó tuō chē	mó fǎng	mó hu	mó tè	mò shēng
motorbike, motorcycle	to imitate, to copy, to emulate	vague, indistinct, fuzzy	(fashion) model (loanword),	strange, unfamiliar
moto	*imiter*	*vague*	*modèle*	*inconnu*

#1836 HSK5	#1837 HSK5	#1838 HSK5	#1839 HSK5	#1840 HSK5
某	**木头**	**目标**	**目录**	**目前**
mǒu	mù tou	mù biāo	mù lù	mù qián
a certain, sb or sth indefinite	slow-witted, CL:块,根	target, goal, objective, CL:个	catalog, table of contents	at the present time, currently
un certain	*lent d'esprit*	*objectif*	*catalogue*	*actuellement*

#1841 HSK5	#1842 HSK5	#1843 HSK5	#1844 HSK5	#1845 HSK5
哪怕	难怪	难免	脑袋	内部
nǎ pà	nán guài	nán miǎn	nǎo dài	nèi bù
no matter how, even, even if	(it's) no wonder (that...)	hard to avoid	head, skull, brain	interior, inside (part, section)
même si	*pas étonnant*	*difficile à éviter*	*crâne*	*intérieur*

#1846 HSK5	#1847 HSK5	#1848 HSK5	#1849 HSK5	#1850 HSK5
内科	嫩	能干	能源	年代
nèi kē	nèn	néng gàn	néng yuán	nián dài
medicine, medical department	tender, soft, delicate	capable, competent	energy, power source, CL:个	a decade of a century
médicament	*soumissionner*	*capable*	*énergie*	*une décennie*

#1851 HSK5	#1852 HSK5	#1853 HSK5	#1854 HSK5	#1855 HSK5
年纪	念	宁可	牛仔裤	农村
nián jì	niàn	nìng kě	niú zǎi kù	nóng cūn
year (in school, college etc)	to miss (someone), to read (aloud)	preferably	jeans, CL:条	rural area, village, CL:个
année	*manquer*	*de préférence*	*jeans*	*village*

#1856 HSK5	#1857 HSK5	#1858 HSK5	#1859 HSK5	#1860 HSK5
农民	农业	浓	女士	欧洲
nóng mín	nóng yè	nóng	nv3 shì	ōu zhōu
peasant, CL:个	agriculture, farming	concentrated, dense	lady, madam, CL:个,位	Europe, European
paysan	*agriculture*	*concentré*	*Dame*	*L'Europe □*

#1861 HSK5	#1862 HSK5	#1863 HSK5	#1864 HSK5	#1865 HSK5
偶然	拍	派	盼望	培训
ǒu rán	pāi	pài	pàn wàng	péi xùn
incidentally, occasional	to take (a photograph),to clap	clique, school, group, faction	to hope for, look forward to	to cultivate, to train
incidemment	*gifler*	*clique*	*hâte de*	*cultiver*

#1866 HSK5	#1867 HSK5	#1868 HSK5	#1869 HSK5	#1870 HSK5
培养	赔偿	佩服	配合	盆
péi yǎng	péi cháng	pèi fú	pèi hé	pén
to educate, to nurture	to compensate	admire	matching, fitting in with	basin, flower pot, CL:个
pour éduquer	*pour compenser*	*admirer*	*correspondant à*	*bassin*

#1871 HSK5	#1872 HSK5	#1873 HSK5	#1874 HSK5	#1875 HSK5
碰	批	批准	披	疲劳
pèng	pī	pī zhǔn	pī	pí láo
to touch, to meet with, to bump,	to ascertain, to act on	to approve, to ratify	to drape over one's shoulders	fatigue, wearily, weariness, weary
toucher	*à vérifier*	*ratifier*	*dérouler*	*fatigue*

#1876 HSK5	#1877 HSK5	#1878 HSK5	#1879 HSK5	#1880 HSK5
匹	片	片面	飘	拼音
pǐ	piàn	piàn miàn	piāo	pīn yīn
classifier for horses	thin piece, flake, a slice	unilateral, one-sided	to float	pinyin (Chinese romanization)
personne ordinaire	*flocon*	*unilatéral*	*flotter*	*pinyin*

#1881 HSK5	#1882 HSK5	#1883 HSK5	#1884 HSK5	#1885 HSK5
频道	凭	平均	平	平安
pín dào	píng	píng jūn	píng	píng 'ān
frequency, (television) channel	to lean against, to rely on	average, on average, evenly	flat, level, equal, to draw	safe and sound, well
la fréquence	*se reposer sur*	*moyenne*	*plat*	*sain et sauf*

#1886 HSK5	#1887 HSK5	#1888 HSK5	#1889 HSK5	#1890 HSK5
平常	平等	平衡	平静	评价
píng cháng	píng děng	píng héng	píng jìng	píng jià
ordinary, common, usually	equality, equal	balance, equilibrium	tranquil, undisturbed, serene	to evaluate, to assess
ordinaire	*égalité*	*équilibre*	*tranquille*	*évaluer*

#1891 HSK5	#1892 HSK5	#1893 HSK5	#1894 HSK5	#1895 HSK5
破产	破坏	迫切	期待	期间
pò chǎn	pò huài	pò qiè	qī dài	qī jiān
to go bankrupt, bankruptcy	destruction, damage, to wreck	urgent, pressing	to look forward to, to await	period of time, time period
faire faillite	*destruction*	*pressage*	*attente*	*période*

#1896 HSK5	#1897 HSK5	#1898 HSK5	#1899 HSK5	#1900 HSK5
其余	奇迹	企业	启发	气氛
qí yú	qí jì	qǐ yè	qǐ fā	qì fēn
the rest, the others, remaining	miracle, miraculous, wonder, marvel	company, firm, enterprise	to enlighten, heuristic	atmosphere, mood
restant	*miracle*	*entreprise*	*éclairer*	*atmosphère*

#1901 HSK5	#1902 HSK5	#1903 HSK5	#1904 HSK5	#1905 HSK5
汽油	签	谦虚	前途	浅
qì yóu	qiān	qiān xū	qián tú	qiǎn
gas, gasoline, CL:升	to sign one's name, autograph, visa	modest, self-effacing	future outlook, prospects, journey	shallow, not deep, superficial
de l'essence	*un autographe*	*modeste*	*les perspectives*	*peu profond*

#1906 HSK5	#1907 HSK5	#1908 HSK5	#1909 HSK5	#1910 HSK5
欠	枪	墙	强调	强烈
qiàn	qiāng	qiáng	qiáng diào	qiáng liè
deficient, owe, to lack, yawn	gun, firearm, rifle, spear	wall, CL:面 ,堵	to emphasize (a statement)	intense, (violently) strong
déficient	*fusil*	*mur*	*souligner*	*intense*

#1911 HSK5	#1912 HSK5	#1913 HSK5	#1914 HSK5	#1915 HSK5
抢	悄悄	瞧	巧妙	切
qiǎng	qiāo qiāo	qiáo	qiǎo miào	qiē
to fight over, to rush	stealthily, quietly, secretly,	to look at, to see	ingenious, clever	to cut, to slice, tangent (math)
se précipiter	*furtivement*	*regarder*	*ingénieux*	*couper*

#1916 HSK5	#1917 HSK5	#1918 HSK5	#1919 HSK5	#1920 HSK5
亲爱	亲切	亲自	勤奋	清淡
qīn ài	qīn qiè	qīn zì	qín fèn	qīng dàn
Dear or beloved	amiable, friendliness, gracious	personally	hardworking, diligent	light, insipid
bien-aimée	*aimable*	*personnellement*	*diligent*	*insipide*

#1921 HSK5	#1922 HSK5	#1923 HSK5	#1924 HSK5	#1925 HSK5
轻视 qīng shì contempt, contemptuous *mépris*	**轻易** qīng yì easily, lightly, rashly, *facilement*	**青** qīng green or blue, nature's color *couleur de la nature*	**青春** qīng chūn youth, youthfulness *jeunesse*	**青少年** qīng shào nián teenager, teenage, an adolescent *adolescent*
#1926 HSK5	#1927 HSK5	#1928 HSK5	#1929 HSK5	#1930 HSK5
情景 qíng jǐng scene, sight, circumstances, CL:个 *scène*	**情绪** qíng xù feeling, sentiment, CL:种 *sentiment*	**请求** qǐng qiú to request, request, to ask, CL:个 *demander*	**庆祝** qìng zhù to celebrate *célébrer*	**球迷** qiú mí soccer fan, crazy about ball sports *fan de football*
#1931 HSK5	#1932 HSK5	#1933 HSK5	#1934 HSK5	#1935 HSK5
趋势 qū shì trend, tendency *tendance*	**取消** qǔ xiāo to cancel, cancellation *annuler*	**娶** qǔ to take a wife, to marry (a woman) *se marier*	**去世** qù shì to pass away, to die *mourir*	**圈** quān circle, ring, loop, orbits *cercle*
#1936 HSK5	#1937 HSK5	#1938 HSK5	#1939 HSK5	#1940 HSK5
全面 quán miàn all-around, comprehensive, total *global*	**权利** quán lì privilege, right, power *privilège*	**权力** quán lì authority, power *autorité*	**劝** quàn to advise, to urge *exhorter*	**缺乏** quē fá shortage, be lacking *pénurie*

#1941 HSK5	#1942 HSK5	#1943 HSK5	#1944 HSK5	#1945 HSK5
确定 què dìng definite, certain, fixed *précis*	确认 què rèn to confirm, to verify, confirmation *confirmer*	群 qún group, crowd, flock, herd, pack *confirmer*	燃烧 rán shāo to ignite, combustion, flaming *s'enflammer*	绕 rào to wind, to coil (thread) *enrouler*
#1946 HSK5	#1947 HSK5	#1948 HSK5	#1949 HSK5	#1950 HSK5
热爱 rè ài to love ardently, to adore *adorer*	热烈 rè liè warm (welcome etc) *chaud*	热心 rè xīn enthusiasm, zeal, zealous, zest *enthousiasme*	人才 rén cái a person's talent, talented person *personne talentueuse*	人口 rén kǒu population *population*
#1951 HSK5	#1952 HSK5	#1953 HSK5	#1954 HSK5	#1955 HSK5
人类 rén lèi humanity, human race, mankind *humanité*	人民币 rén mín bì Renminbi (RMB), Chinese Yuan (CNY) *Le yuan chinois*	人生 rén shēng human life *vie humaine*	人事 rén shì human resources, personnel *personnel*	人物 rén wù a person, a protagonist, CL:个 *une personne*
#1956 HSK5	#1957 HSK5	#1958 HSK5	#1959 HSK5	#1960 HSK5
人员 rén yuán staff, crew, personnel, CL:个 *Personnel*	忍不住 rěn bu zhù cannot help, unable to bear *incapable de supporter*	日常 rì cháng daily, everyday *du quotidien*	日程 rì chéng schedule, itinerary, CL:个 *programme*	日历 rì lì calendar, CL:张,本 *calendrier*

#1961 HSK5	#1962 HSK5	#1963 HSK5	#1964 HSK5	#1965 HSK5
日期	日用品	日子	如何	如今
rì qī	rì yòng pǐn	rì zi	rú hé	rú jīn
date (calendar), CL:个	articles for daily use	a given day (calendar), time	what way, how, what	nowadays, now
Date	*des articles*	*temps*	*quel voie*	*aujourd'hui*

#1966 HSK5	#1967 HSK5	#1968 HSK5	#1969 HSK5	#1970 HSK5
软	软件	弱	洒	嗓子
ruǎn	ruǎn jiàn	ruò	sǎ	sǎng zi
soft, flexible	(computer) software	weak, feeble, young, inferior	to sprinkle, to spray, to spill	throat, voice, CL:把
souple	*Logiciel*	*faible*	*saupoudrer*	*gorge*

#1971 HSK5	#1972 HSK5	#1973 HSK5	#1974 HSK5	#1975 HSK5
色彩	杀	沙漠	沙滩	傻
sè cǎi	shā	shā mò	shā tān	shǎ
tint, coloring, coloration	to kill, to murder, to fight	desert, CL:个	beach, sand bar, CL:片	foolish, silly
teinte	*assassiner*	*désert*	*plage*	*insensé*

#1976 HSK5	#1977 HSK5	#1978 HSK5	#1979 HSK5	#1980 HSK5
晒	删除	闪电	善良	善于
shài	shān chú	shǎn diàn	shàn liáng	shàn yú
to dry in the sun	to delete, to cancel	lightning, CL:道	good and honest, kind-hearted	be good at, be adept in
pour prendre le soleil	*supprimer*	*foudre*	*bon cœur*	*être adepte de*

#1981 HSK5	#1982 HSK5	#1983 HSK5	#1984 HSK5	#1985 HSK5
扇子	伤害	商品	商务	商业
shàn zi	shāng hài	shāng pǐn	shāng wù	shāng yè
fan, CL:把	to injure, to harm	goods, commodity, merchandise, CL:个	commercial affairs, commercial	business, trade, commerce
ventilateur	*blesser*	*marchandise*	*commercial*	*Commerce*

#1986 HSK5	#1987 HSK5	#1988 HSK5	#1989 HSK5	#1990 HSK5
上当	蛇	舍不得	射击	摄影
shàng dàng	shé	shě bu de	shè jī	shè yǐng
taken in (by sb's deceit)	snake, serpent, CL:条	to hate to do sth	to shoot, to fire (a gun)	to take a photograph, photography
être dupé	*serpent*	*à contrecœur*	*tirer*	*la photographie*

#1991 HSK5	#1992 HSK5	#1993 HSK5	#1994 HSK5	#1995 HSK5
设备	设计	设施	伸	深刻
shè bèi	shè jì	shè shī	shēn	shēn kè
equipment, facilities	plan, design, to design	facilities, installation	to stretch, to extend	profound, deep, deep-going
les installations	*conception*	*installation*	*étendre*	*profond*

#1996 HSK5	#1997 HSK5	#1998 HSK5	#1999 HSK5	#2000 HSK5
身材	身份	神话	神秘	升
shēn cái	shēn fèn	shén huà	shén mì	shēng
stature, build	status, capacity, dignity	fairy tale, mythology, myth	mysterious, mystery	to raise, to hoist
stature	*statut*	*mythologie*	*mystérieux*	*augmenter*

#2001 HSK5	#2002 HSK5	#2003 HSK5	#2004 HSK5	#2005 HSK5
声调	生产	生动	生长	绳子
shēng diào	shēng chǎn	shēng dòng	shēng zhǎng	shéng zi
tone, note, a tone, CL:个	to give birth to a child	vivid, lively	to grow	rope, string, cord, CL:条
Ton	*parturition*	*vif*	*grandir*	*corde*

#2006 HSK5	#2007 HSK5	#2008 HSK5	#2009 HSK5	#2010 HSK5
省略	胜利	失眠	失去	失业
shěng lüè	shèng lì	shī mián	shī qù	shī yè
to leave out, omission	victory, CL:个	(suffer from) insomnia	to lose	unemployment
omission	*la victoire*	*insomnie*	*perdre*	*chômage*

#2011 HSK5	#2012 HSK5	#2013 HSK5	#2014 HSK5	#2015 HSK5
湿润	狮子	诗	实话	实践
shī rùn	shī zi	shī	shí huà	shí jiàn
moist	lion	poem, poetry, CL:首	truth	to practice, to put into practice
humide	*Lion*	*poème*	*vérité*	*s'entraîner*

#2016 HSK5	#2017 HSK5	#2018 HSK5	#2019 HSK5	#2020 HSK5
实习	实现	实验	实用	时差
shí xí	shí xiàn	shí yàn	shí yòng	shí chā
to practice, field work	to achieve, to implement	to experiment, experiments	practical, functional	jet lag, time lag, jet lag
travail sur le terrain	*atteindre*	*expérimenter*	*pratique*	*décalage horaire*

#2021 HSK5	#2022 HSK5	#2023 HSK5	#2024 HSK5	#2025 HSK5
时代	时刻	时髦	时期	时尚
shí dài	shí kè	shí máo	shí qī	shí shàng
age, era, epoch, period, CL:个	moment, constantly, always, CL:个	in vogue, fashionable	a period in time or history, CL:个	fashion
ère	moment	en vogue	histoire	mode

#2026 HSK5	#2027 HSK5	#2028 HSK5	#2029 HSK5	#2030 HSK5
石头	食物	使劲儿	始终	事实
shí tou	shí wù	shǐ jìn r	shǐ zhōng	shì shí
stone, CL:块	food, CL:种	to exert all one's strength	from beginning to end, all along	a fact, the fact that, CL:个
pierre	nourriture	exercer	tout au long	un fait

#2031 HSK5	#2032 HSK5	#2033 HSK5	#2034 HSK5	#2035 HSK5
事物	事先	似的	士兵	市场
shì wù	shì xiān	shì de	shì bīng	shì chǎng
thing, object, CL:个	in advance, before the event	seems as if, rather like,	soldier, CL:个	market place, CL:个
objet	en avance	semble comme si	soldat	marché

#2036 HSK5	#2037 HSK5	#2038 HSK5	#2039 HSK5	#2040 HSK5
试卷	收获	收据	手工	手术
shì juàn	shōu huò	shōu jù	shǒu gōng	shǒu shù
examination paper, test paper	harvest, results, gains	receipt, CL:张	handwork, manual	surgical operation
épreuve écrite	récolte	le reçu	travail manuel	chirurgical

#2041 HSK5	#2042 HSK5	#2043 HSK5	#2044 HSK5	#2045 HSK5
手套	手续	手指	首	受伤
shǒu tào	shǒu xù	shǒu zhǐ	shǒu	shòu shāng
glove, mitten	formalities, procedures	finger, CL:个,只	head, chief	to sustain injuries
gant	*formalités*	*doigt*	*chef*	*blessés*

#2046 HSK5	#2047 HSK5	#2048 HSK5	#2049 HSK5	#2050 HSK5
寿命	书架	梳子	舒适	蔬菜
shòu mìng	shū jià	shū zi	shū shì	shū cài
life span, life expectancy	bookshelf, CL:个	comb, CL:把	cozy, snug, comfortable	vegetables, produce, CL:种
espérance de vie	*étagère à livres*	*peigne*	*confortable*	*des légumes*

#2051 HSK5	#2052 HSK5	#2053 HSK5	#2054 HSK5	#2055 HSK5
输入	熟练	属于	数	鼠标
shū rù	shú liàn	shǔ yú	shǔ	shǔ biāo
to import, to input	practiced, proficient	classified as, to belong to	number, figure, several, a few	mouse (computing)
importer	*habile*	*appartenir à*	*nombre*	*Souris*

#2056 HSK5	#2057 HSK5	#2058 HSK5	#2059 HSK5	#2060 HSK5
数据	数码	摔倒	甩	双方
shù jù	shù mǎ	shuāi dǎo	shuǎi	shuāng fāng
data, numbers, digital	numeral, figures, digital	to fall down, to slip and fall	to throw, to fling, to swing	bilateral, both sides
Les données	*numéral*	*tomber*	*lancer*	*bilatéral*

#2061 HSK5	#2062 HSK5	#2063 HSK5	#2064 HSK5	#2065 HSK5
税	说不定	说服	丝绸	丝毫
shuì	shuō bu dìng	shuō fú	sī chóu	sī háo
taxes, duties	can't say for sure, maybe	to persuade, to convince	silk cloth, silk	the slightest amount or degree
fonctions	*peut être*	*pour convaincre*	*soie*	*un peu*

#2066 HSK5	#2067 HSK5	#2068 HSK5	#2069 HSK5	#2070 HSK5
思考	思想	撕	私人	似乎
sī kǎo	sī xiǎng	sī	sī rén	sì hū
to reflect on, to ponder over	thought, thinking, idea	to tear, to rip	private (citizen), private	apparently, to seem, to appear
méditer	*pensée*	*pleurer*	*privé*	*Apparemment*

#2071 HSK5	#2072 HSK5	#2073 HSK5	#2074 HSK5	#2075 HSK5
搜索	宿舍	随身	随时	随手
sōu suǒ	sù shè	suí shēn	suí shí	suí shǒu
to search, to look for sth	dormitory, dorm room, CL:间	to (carry) on one's person	at any time	conveniently, while doing it
chercher	*dortoir*	*continuer*	*à tout moment*	*commodément*

#2076 HSK5	#2077 HSK5	#2078 HSK5	#2079 HSK5	#2080 HSK5
碎	损失	缩短	所	锁
suì	sǔn shī	suō duǎn	suǒ	suǒ
to break down, fragmentary	loss, damage, CL:个	to curtail, to cut down	place, location	to lock up, to lock, CL:把
fragmentaire	*dommage*	*réduire*	*emplacement*	*verrouiller*

#2081 HSK5	#2082 HSK5	#2083 HSK5	#2084 HSK5	#2085 HSK5
太太	谈判	坦率	烫	桃
tài tai	tán pàn	tǎn shuài	tàng	táo
married woman, Mrs	to negotiate, negotiation	frank (discussion), blunt, open	to scald, to burn, to iron, hot	peach
femme mariée	négocier	franc	brûler	pêche

#2086 HSK5	#2087 HSK5	#2088 HSK5	#2089 HSK5	#2090 HSK5
淘气	逃	逃避	讨价还价	套
táo qì	táo	táo bì	tǎo jià huán jià	tào
naughty, bad	to escape, to run away, to flee	to evade, to avoid, to shirk	haggle over price	cover, sheath, to encase, a case
vilain	pour échapper à	s'évader	marchander	couverture

#2091 HSK5	#2092 HSK5	#2093 HSK5	#2094 HSK5	#2095 HSK5
特色	特殊	特征	疼爱	提倡
tè sè	tè shū	tè zhēng	téng ài	tí chàng
characteristic	special, particular, unusual	distinctive feature, characteristic	to love dearly	to promote, to advocate
caractéristique	spécial	caractéristique	aimer tendrement	promouvoir

#2096 HSK5	#2097 HSK5	#2098 HSK5	#2099 HSK5	#2100 HSK5
提纲	提问	题目	体会	体贴
tí gāng	tí wèn	tí mù	tǐ huì	tǐ tiē
outline, synopsis	to question, to quiz, to grill	subject, title, topic, CL:个	to know ,CL:个	considerate
contour	questionner	matière	à savoir	prévenant

#2101 HSK5	#2102 HSK5	#2103 HSK5	#2104 HSK5	#2105 HSK5
体现	**体验**	**天空**	**天真**	**调皮**
tǐ xiàn	tǐ yàn	tiān kōng	tiān zhēn	tiáo pí
to embody, to reflect, to incarnate	to experience for oneself	sky	naive, innocent, artless	naughty, mischievous, unruly
incarner	*à découvrir*	*ciel*	*naïve*	*vilain*

#2106 HSK5	#2107 HSK5	#2108 HSK5	#2109 HSK5	#2110 HSK5
调整	**挑战**	**通常**	**统一**	**痛苦**
tiáo zhěng	tiǎo zhàn	tōng cháng	tǒng yī	tòng kǔ
adjustment, revision, CL:个	challenge	usual, regular, ordinary, normal	to unify, to unite, to integrate	pain, suffering, painful, CL:个
ajustement	*défi*	*habituel*	*d'unifier*	*douleur*

#2111 HSK5	#2112 HSK5	#2113 HSK5	#2114 HSK5	#2115 HSK5
痛快	**偷**	**投入**	**投资**	**透明**
tòng kuài	tōu	tóu rù	tóu zī	tòu míng
overjoyed, delighted, happily	to steal, to pilfer, to snatch	to participate in	investment, to invest	transparent, open (non-secretive)
fou de joie	*voler*	*investir dans*	*investissement*	*transparent*

#2116 HSK5	#2117 HSK5	#2118 HSK5	#2119 HSK5	#2120 HSK5
突出	**土地**	**土豆**	**兔子**	**吐**
tū chū	tǔ dì	tǔ dòu	tù zi	tù
prominent, outstanding	territory, land, soil, CL:片	potato, CL:个	hare, rabbit, CL:只	to vomit, to throw up
important	*territoire*	*Patate*	*lièvre*	*vomir*

#2121 HSK5	#2122 HSK5	#2123 HSK5	#2124 HSK5	#2125 HSK5
团	推辞	推广	推荐	退
tuán	tuī cí	tuī guǎng	tuī jiàn	tuì
round, circular, group, society	to decline	to extend, to spread	to recommend, recommendation	to move back, to decline
circulaire	*à diminuer*	*étendre*	*recommander*	*à diminuer*

#2126 HSK5	#2127 HSK5	#2128 HSK5	#2129 HSK5	#2130 HSK5
退步	退休	歪	外公	外交
tuì bù	tuì xiū	wāi	wài gōng	wài jiāo
degenerate, regress	retirement (from work)	askew, at a crooked angle	maternal grandfather	diplomacy, diplomatic
régresser	*retraite*	*nuisible*	*grand-père*	*diplomatie*

#2131 HSK5	#2132 HSK5	#2133 HSK5	#2134 HSK5	#2135 HSK5
完美	完善	完整	玩具	万一
wán měi	wán shàn	wán zhěng	wán jù	wàn yī
perfection, perfect, perfectly	to perfect, to make perfect	intact, complete	plaything, toy	just in case, if by any chance
la perfection	*perfectionner*	*intact*	*jouet*	*contingence*

#2136 HSK5	#2137 HSK5	#2138 HSK5	#2139 HSK5	#2140 HSK5
王子	往返	网络	危害	威胁
wáng zǐ	wǎng fǎn	wǎng luò	wēi hài	wēi xié
prince, son of a king	to go back and forth	Internet, network	to jeopardize, to harm	to threaten, to menace
prince	*aller et venir*	*l'Internet*	*compromettre*	*menacer*

#2141 HSK5	#2142 HSK5	#2143 HSK5	#2144 HSK5	#2145 HSK5
微笑	唯一	围巾	围绕	维修
wēi xiào	wéi yī	wéi jīn	wéi rào	wéi xiū
smile, CL:个	sole, only	scarf, shawl, CL:条	to revolve around	maintenance (of equipment)
sourire	*seulement*	*écharpe*	*pour tourner*	*entretien*

#2146 HSK5	#2147 HSK5	#2148 HSK5	#2149 HSK5	#2150 HSK5
违反	伟大	委屈	尾巴	位于
wéi fǎn	wěi dà	wěi qū	wěi ba	wèi yú
to violate (a law)	huge, great, mighty, large	to feel wronged	tail	to be located at
violer	*énorme*	*se sentir lésé*	*queue*	*mentir*

#2151 HSK5	#2152 HSK5	#2153 HSK5	#2154 HSK5	#2155 HSK5
位置	未必	未来	胃	胃口
wèi zhi	wèi bì	wèi lái	wèi	wèi kǒu
position, place, seat, CL:个	not necessarily, maybe not	future, tomorrow, approaching	stomach, CL:个	appetite
position	*peut être pas*	*futur*	*estomac*	*appétit*

#2156 HSK5	#2157 HSK5	#2158 HSK5	#2159 HSK5	#2160 HSK5
温暖	温柔	文件	文具	文明
wēn nuǎn	wēn róu	wén jiàn	wén jù	wén míng
warm	gentle and soft, tender	document, file, CL:份	stationery, item of stationery	civilized, civilization
chaud	*soumissionner*	*document*	*papeterie*	*civilisé*

#2161 HSK5	#2162 HSK5	#2163 HSK5	#2164 HSK5	#2165 HSK5
文学	文字	闻	吻	稳定
wén xué	wén zì	wén	wěn	wěn dìng
literature, CL:种	writing style, script, CL:個|个,	to hear, news, well-known	to kiss, kiss, mouth	steady, stable, stability
Littérature	*scénario*	*entendre*	*embrasser*	*stable*

#2166 HSK5	#2167 HSK5	#2168 HSK5	#2169 HSK5	#2170 HSK5
问候	卧室	握手	屋子	无奈
wèn hòu	wò shì	wò shǒu	wū zi	wú nài
to give one's respects	bedroom, CL:间	to shake hands	house, room, CL:间	unfortunately, cannot help but
salutation	*chambre*	*serrer la main*	*maison*	*malheureusement*

#2171 HSK5	#2172 HSK5	#2173 HSK5	#2174 HSK5	#2175 HSK5
无数	无所谓	武术	勿	物理
wú shù	wú suǒ wèi	wǔ shù	wù	wù lǐ
countless, numberless, innumerable	not to matter, to be indifferent	martial art, military skill	do not	physics, physical
innombrable	*indifférent*	*compétence militaire*	*ne pas*	*la physique*

#2176 HSK5	#2177 HSK5	#2178 HSK5	#2179 HSK5	#2180 HSK5
物质	雾	吸取	吸收	戏剧
wù zhì	wù	xī qǔ	xī shōu	xì jù
matter, substance, material	fog, mist, CL:场 ,阵	to absorb, to assimilate	to absorb, to assimilate, to ingest	drama, play, theater
matière	*brouillard*	*Assimiler*	*absorber*	*drame*

#2181 HSK5	#2182 HSK5	#2183 HSK5	#2184 HSK5	#2185 HSK5
系	系统	细节	瞎	下载
xì	xì tǒng	xì jié	xiā	xià zǎi
relation, to connect, to bind	system, CL:个	details, particulars	blind, groundlessly, foolishly	to download
relation	*système*	*détails*	*sans fondement*	*Télécharger*

#2186 HSK5	#2187 HSK5	#2188 HSK5	#2189 HSK5	#2190 HSK5
吓	夏令营	鲜艳	显得	显然
xià	xià lìng yíng	xiān yàn	xiǎn de	xiǎn rán
to frighten, to scare	summer camp	bright-colored, gaily-colored	to seem, to look, to appear	evident, clear, obvious(ly)
effrayer	*camp d'été*	*de couleur vive*	*sembler*	*évident*

#2191 HSK5	#2192 HSK5	#2193 HSK5	#2194 HSK5	#2195 HSK5
显示	县	现代	现实	现象
xiǎn shì	xiàn	xiàn dài	xiàn shí	xiàn xiàng
to show, to demonstrate	county, CL:个	modern times, modern age	reality, actuality, real	appearance, phenomenon, CL:个
montrer	*comté*	*âge moderne*	*réalité*	*apparence*

#2196 HSK5	#2197 HSK5	#2198 HSK5	#2199 HSK5	#2200 HSK5
限制	相处	相当	相对	相关
xiàn zhì	xiāng chǔ	xiāng dāng	xiāng duì	xiāng guān
to restrict, to limit	get along with each other	equivalent to, appropriate	relatively, opposite, to resist	interrelated, correlation
restreindre	*s'entendre*	*approprié*	*relativement*	*interreliés*

#2201 HSK5	#2202 HSK5	#2203 HSK5	#2204 HSK5	#2205 HSK5
相似	香肠	享受	想念	想象
xiāng sì	xiāng cháng	xiāng shòu	xiǎng niàn	xiǎng xiàng
to resemble, similar, like	sausage, CL:根,	to enjoy, to live it up	to miss, long to see again	to imagine, to fancy, CL:个
ressembler	*saucisse*	*apprécier*	*manquer*	*à imaginer*

#2206 HSK5	#2207 HSK5	#2208 HSK5	#2209 HSK5	#2210 HSK5
象棋	象征	项链	项目	消费
xiàng qí	xiàng zhēng	xiàng liàn	xiàng mù	xiāo fèi
Chinese chess; CL:副	emblem, symbol, token, badge	necklace	item, project, sports event, CL:个	to consume, CL:个
Echecs chinois	*emblème*	*Collier*	*article*	*consommer*

#2211 HSK5	#2212 HSK5	#2213 HSK5	#2214 HSK5	#2215 HSK5
消化	消极	消失	销售	小麦
xiāo huà	xiāo jí	xiāo shī	xiāo shòu	xiāo mài
digest, digestion, digestive	negative, passive, inactive	to disappear, to fade away	to sell, to market, sales	wheat, CL:粒
digérer	*négatif*	*disparaître*	*au marché*	*blé*

#2216 HSK5	#2217 HSK5	#2218 HSK5	#2219 HSK5	#2220 HSK5
小气	孝顺	效率	歇	斜
xiǎo qi	xiào shun	xiào lv4	xiē	xié
stingy, petty, miserly	to be obedient to one's parents	efficiency	to take a break, to rest, to stop	inclined, slanting, oblique
avare	*obéissant*	*Efficacité*	*prendre une pause*	*incliné*

#2221 HSK5	#2222 HSK5	#2223 HSK5	#2224 HSK5	#2225 HSK5
写作 xiě zuò writing, written works *l'écriture*	**心理** xīn lǐ mental, psychological *mental*	**心脏** xīn zàng heart (lit. and fig.), CL:颗,个 *cœur*	**欣赏** xīn shǎng to appreciate, to enjoy, to admire *apprécier*	**信号** xìn hào signal *signal*

#2226 HSK5	#2227 HSK5	#2228 HSK5	#2229 HSK5	#2230 HSK5
信任 xìn rèn to trust, to have confidence in *faire confiance*	**形成** xíng chéng to form, to take shape *former*	**形容** xíng róng to describe, description *décrire*	**形势** xíng shì circumstances, situation *conditions*	**形式** xíng shì shape, outer appearance, form, CL:个 *apparence*

#2231 HSK5	#2232 HSK5	#2233 HSK5	#2234 HSK5	#2235 HSK5
形象 xíng xiàng image, form, figure, visualization *image*	**形状** xíng zhuàng form, shape, CL:个 *forme*	**行动** xíng dòng action, to move, operation *action*	**行人** xíng rén pedestrian, traveler on foot *piéton*	**行为** xíng wéi behavior, conduct, activity, action *comportement*

#2236 HSK5	#2237 HSK5	#2238 HSK5	#2239 HSK5	#2240 HSK5
幸亏 xìng kuī fortunately, luckily *Heureusement*	**幸运** xìng yùn fortunate, fortune, luck *chanceux*	**性质** xìng zhì nature, characteristic, CL:个 *la nature*	**兄弟** xiōng dì older and younger brother *frères*	**胸** xiōng chest, bosom, heart, mind, thorax *poitrine*

#2241 HSK5	#2242 HSK5	#2243 HSK5	#2244 HSK5	#2245 HSK5
休闲	修改	虚心	叙述	宣布
xiū xián	xiū gǎi	xū xīn	xù shù	xuān bù
leisure, relaxation, not working	to amend, to alter, to modify	modest, open-minded	to tell or talk about	to declare, to announce
loisir	*modifier*	*modeste*	*se rapporter*	*déclarer*

#2246 HSK5	#2247 HSK5	#2248 HSK5	#2249 HSK5	#2250 HSK5
宣传	学历	学术	学问	血
xuān chuán	xué lì	xué shù	xué wèn	xuè
to disseminate	educational background	learning, science, academic, CL:个	learning, knowledge, academic, CL:个	blood, CL:滴,片
diffuser	*formation*	*apprentissage*	*académique*	*du sang*

#2251 HSK5	#2252 HSK5	#2253 HSK5	#2254 HSK5	#2255 HSK5
寻找	询问	训练	迅速	押金
xún zhǎo	xún wèn	xùn liàn	xùn sù	yā jīn
to seek, to look for	to inquire	to train, to drill, training, CL:个	rapid, speedy, fast	deposit, cash pledge
chercher	*demander*	*entraîner*	*rapide*	*dépôt*

#2256 HSK5	#2257 HSK5	#2258 HSK5	#2259 HSK5	#2260 HSK5
牙齿	严肃	延长	演讲	宴会
yá chǐ	yán sù	yán cháng	yǎn jiǎng	yàn huì
tooth, dental, CL:颗|颗,	solemn, solemnity	to prolong, to extend, to delay	lecture, to make a speech	banquet, feast, dinner party
dent	*solennel*	*prolonger*	*conférence*	*banquet*

#2261 HSK5	#2262 HSK5	#2263 HSK5	#2264 HSK5	#2265 HSK5
阳台	痒	样式	腰	摇
yáng tái	yǎng	yàng shì	yāo	yáo
balcony, porch	to itch, to tickle	type, style	waist, lower back, pocket	to shake, to rock, to row, to crank
porche	*chatouiller*	*style*	*taille*	*secouer*

#2266 HSK5	#2267 HSK5	#2268 HSK5	#2269 HSK5	#2270 HSK5
咬	要不	业务	业余	夜
yǎo	yào bù	yè wù	yè yú	yè
to bite, to nip	otherwise, or, or else	vocational work, business CL:个	in one's spare time, amateur	night, evening
étouffer	*autrement*	*affaires*	*amateur*	*soir*

#2271 HSK5	#2272 HSK5	#2273 HSK5	#2274 HSK5	#2275 HSK5
依然	一辈子	一旦	一律	一再
yī rán	yí bèi zi	yí dàn	yí lv4	yí zài
as before, still	(for) a lifetime	in case (sth happens), if	uniformly, same, all	repeatedly
encore	*une durée de vie*	*une fois que*	*uniformément*	*à plusieurs reprises*

#2276 HSK5	#2277 HSK5	#2278 HSK5	#2279 HSK5	#2280 HSK5
一致	疑问	移动	移民	遗憾
yí zhì	yí wèn	yí dòng	yí mín	yí hàn
unanimous, identical	a question, to query	to move, movement, migration	to immigrate, to migrate	to regret, regret, pity, sorry
unanime	*une question*	*bouger*	*immigrer*	*regretter*

#2281 HSK5	#2282 HSK5	#2283 HSK5	#2284 HSK5	#2285 HSK5
乙	以及	以来	义务	亿
yǐ	yǐ jí	yǐ lái	yì wù	yì
second in order	as well as, too, and	since (a previous event)	duty, commitment	a hundred million, 100,000,000
deuxième dans l'ordre	*aussi bien que*	*puisque*	*devoir*	*une centaine de millions*

#2286 HSK5	#2287 HSK5	#2288 HSK5	#2289 HSK5	#2290 HSK5
意外	意义	议论	因而	因素
yì wài	yì yì	yì lùn	yīn ér	yīn sù
unexpected, accident, mishap, CL:个	meaning, significance, CL:个	to comment, to talk about	therefore, as a result	element, factor, CL:个
inattendu	*sens*	*commenter*	*par conséquent*	*élément*

#2291 HSK5	#2292 HSK5	#2293 HSK5	#2294 HSK5	#2295 HSK5
银	印刷	英俊	英雄	营养
yín	yìn shuā	yīng jùn	yīng xióng	yíng yǎng
silver, silver-colored	to print, printing	handsome, brilliant, smart	hero, heroic, CL:个	nutrition, nourishment
argent	*impression*	*Beau*	*héros*	*nutrition*

#2296 HSK5	#2297 HSK5	#2298 HSK5	#2299 HSK5	#2300 HSK5
营业	迎接	影子	应付	应用
yíng yè	yíng jiē	yǐng zi	yìng fu	yìng yòng
to do business, to trade	to meet, to welcome, to greet	shadow, reflection, indication	to deal with, to cope	to use, to apply, application
faire du commerce	*rencontrer*	*ombre*	*faire face*	*postuler*

#2301 HSK5	#2302 HSK5	#2303 HSK5	#2304 HSK5	#2305 HSK5
硬 yìng hard, able (person) *rigide*	硬件 yìng jiàn hardware *Matériel*	拥抱 yōng bào to embrace, to hug *embrasser*	拥挤 yōng jǐ to be crowded, to throng *se presser*	勇气 yǒng qì courage, valor, (to have) the nerve *courage*
#2306 HSK5	#2307 HSK5	#2308 HSK5	#2309 HSK5	#2310 HSK5
用功 yòng gōng to study hard *à étudier dur*	用途 yòng tú use, application *application*	优惠 yōu huì preferential, favorable *favorable*	优美 yōu měi graceful, fine, elegant *gracieux*	优势 yōu shì superiority, dominance, advantage *supériorité*
#2311 HSK5	#2312 HSK5	#2313 HSK5	#2314 HSK5	#2315 HSK5
悠久 yōu jiǔ established *établi*	油炸 yóu zhá to deep fry *faire frire*	游览 yóu lǎn to go sight-seeing, to tour *voyager*	犹豫 yóu yù to hesitate *hésiter*	有利 yōu lì advantageous, to have advantages *avantageux*
#2316 HSK5	#2317 HSK5	#2318 HSK5	#2319 HSK5	#2320 HSK5
幼儿园 yòu ér yuán kindergarten, nursery school *Jardin d'enfants*	娱乐 yú lè to entertain, to amuse *distraire*	与其 yǔ qí rather than..., 與与其 A 不如 B *plutôt que*	语气 yǔ qì tone, manner of speaking, mood *manière*	玉米 yù mǐ corn, maize, CL:粒 *maïs*

#2321 HSK5	#2322 HSK5	#2323 HSK5	#2324 HSK5	#2325 HSK5
预报	预订	预防	元旦	原料
yù bào	yù dìng	yù fáng	yuán dàn	yuán liào
forecast	to place an order, to book ahead	to prevent, to protect	New Year's Day	raw material, CL:个
prévoir	*réserver à l'avance*	*protéger*	*Le jour de l'An*	*matière première*

#2326 HSK5	#2327 HSK5	#2328 HSK5	#2329 HSK5	#2330 HSK5
原则	员工	圆	愿望	乐器
yuán zé	yuán gōng	yuán	yuàn wàng	yuè qì
principle, doctrine, CL:个	staff, personnel, employee,	circle, round, circular	wish , desire, CL:个	musical instrument, CL:件,
doctrine	*employé*	*cercle*	*le désir*	*instrument de musique*

#2331 HSK5	#2332 HSK5	#2333 HSK5	#2334 HSK5	#2335 HSK5
晕	运气	运输	运用	灾害
yūn	yùn qi	yùn shū	yùn yòng	zāi hài
confused, dizzy, giddy	luck (good or bad)	transport, haulage, transit, CL:个	to use, to put to use	disastrous damage, scourge, CL:个
confus	*la chance*	*transit*	*utiliser*	*fléau*

#2336 HSK5	#2337 HSK5	#2338 HSK5	#2339 HSK5	#2340 HSK5
再三	在乎	在于	赞成	赞美
zài sān	zài hu	zài yú	zàn chéng	zàn měi
over and over again	to care about, to mind	to lie in, to consist in	to approve, to endorse	to admire, to applause
encore et encore	*à l'esprit*	*dépendre de*	*approuver*	*admirer*

#2341 HSK5	#2342 HSK5	#2343 HSK5	#2344 HSK5	#2345 HSK5
糟糕	造成	则	责备	摘
zāo gāo	zào chéng	zé	zé bèi	zhāi
too bad, how terrible, terrible	to bring about, to create, to cause	thus, then, standard, norm	to blame, to criticize	to borrow, to take, to pluck
terrible	*créer*	*Donc*	*reprocher*	*emprunter*

#2346 HSK5	#2347 HSK5	#2348 HSK5	#2349 HSK5	#2350 HSK5
窄	粘贴	展开	展览	占
zhǎi	zhān tiē	zhǎn kāi	zhǎn lǎn	zhàn
narrow, narrow-minded, badly off	to stick, to affix, to adhere	to unfold, to carry out	to put on display, to exhibit	to take possession of
étroit	*coller*	*se dérouler*	*exposer*	*occuper*

#2351 HSK5	#2352 HSK5	#2353 HSK5	#2354 HSK5	#2355 HSK5
战争	掌握	涨	长辈	账户
zhàn zhēng	zhǎng wò	zhǎng	zhǎng bèi	zhàng hù
war, warfare, conflict	to control	to rise (of prices, rivers)	one's elders, older generation	account (bank or online)
guerre	*saisir*	*se lever*	*génération plus âgée*	*Compte*

#2356 HSK5	#2357 HSK5	#2358 HSK5	#2359 HSK5	#2360 HSK5
招待	着火	着凉	召开	照常
zhāo dài	zháo huǒ	zháo liáng	zhào kāi	zhào cháng
to receive (guests), to entertain	to ignite, to burn	to catch cold	to convene	(business etc) as usual
accueil	*brûler*	*prendre froid*	*convoquer*	*comme d'habitude*

#2361 HSK5	#2362 HSK5	#2363 HSK5	#2364 HSK5	#2365 HSK5
哲学 zhé xué philosophy, CL:个 *philosophie*	珍惜 zhēn xī to cherish, to value, to treasure *chérir*	真实 zhēn shí true, real *réel*	针对 zhēn duì to be directed against *contrer*	诊断 zhěn duàn diagnosis, to diagnose *diagnostiquer*
#2366 HSK5	#2367 HSK5	#2368 HSK5	#2369 HSK5	#2370 HSK5
振动 zhèn dòng vibration *vibration*	阵 zhèn disposition of troops, wave *épeler*	争论 zhēng lùn to argue, to debate, to contend *se disputer*	争取 zhēng qǔ to fight for, to strive for *se battre pour*	征求 zhēng qiú to solicit, to seek *solliciter*
#2371 HSK5	#2372 HSK5	#2373 HSK5	#2374 HSK5	#2375 HSK5
挣 zhēng to struggle to get free *s'efforcer d'acquérir*	睁 zhēng to open (eye) *ouvrir*	整个 zhěng gè whole, entire, total *tout*	整齐 zhěng qí orderly, neat, even, tidy *ordonné*	整体 zhěng tǐ whole entity, entire body *synthèse*
#2376 HSK5	#2377 HSK5	#2378 HSK5	#2379 HSK5	#2380 HSK5
政府 zhèng fǔ government, CL:个 *gouvernement*	政治 zhèng zhì politics, political *politique*	正 zhèng upright, centrally located *droit*	证件 zhèng jiàn certificate, credentials *certificat*	证据 zhèng jù evidence, proof, testimony *preuve*

#2381 HSK5	**#2382** HSK5	**#2383** HSK5	**#2384** HSK5	**#2385** HSK5
支	支票	执照	直	指导
zhī	zhī piào	zhí zhào	zhí	zhǐ dǎo
to prop up, to bear, to send away	check (bank), cheque, CL:本	license, permit	directly, straight, to straighten	to guide, to give directions
soutenir	*vérifier*	*Licence*	*directement*	*guider*
#2386 HSK5	**#2387** HSK5	**#2388** HSK5	**#2389** HSK5	**#2390** HSK5
指挥	制定	制度	制造	制作
zhǐ huī	zhì dìng	zhì dù	zhì zào	zhì zuò
commander, to command	to draw up, to formulate	system , CL:个	to engineer, to create	to make, to manufacture
le commandant	*rédiger*	*système*	*ingénier*	*à fabriquer*
#2391 HSK5	**#2392** HSK5	**#2393** HSK5	**#2394** HSK5	**#2395** HSK5
志愿者	智慧	治疗	秩序	至今
zhì yuàn zhě	zhì huì	zhì liáo	zhì xù	zhì jīn
volunteer	wisdom, knowledge	to treat, to cure	order (orderly, sequence, social)	until now, so far, to this day
bénévole	*sagesse*	*traiter*	*séquence*	*jusqu'à maintenant*
#2396 HSK5	**#2397** HSK5	**#2398** HSK5	**#2399** HSK5	**#2400** HSK5
至于	中介	中心	中旬	种类
zhì yú	zhōng jiè	zhōng xīn	zhōng xún	zhǒng lèi
as for, as to, to go so far as to	to act as intermediary	center, heart (fig.), core, CL:个	middle third of a month	kind, genus, type, category
pour ce qui est de	*intermédiaire*	*coeur*	*tiers moyen d'un mois*	*espèce*

#2401 HSK5	#2402 HSK5	#2403 HSK5	#2404 HSK5	#2405 HSK5
重大 zhòng dà important, great, major *important*	**重量** zhòng liàng weight, CL:个 *poids*	**周到** zhōu dao thoughtful, considerate *réfléchi*	**猪** zhū pork, hog, pig, swine *porc*	**竹子** zhú zi bamboo, CL:棵,支,根 *bambou*

#2406 HSK5	#2407 HSK5	#2408 HSK5	#2409 HSK5	#2410 HSK5
逐步 zhú bù progressively, step by step *progressivement*	**逐渐** zhú jiàn gradually *progressivement*	**主持** zhǔ chí to take charge of, to manage *prendre en charge*	**主动** zhǔ dòng to take the initiative *prendre l'initiative*	**主观** zhǔ guān subjective *subjectif*

#2411 HSK5	#2412 HSK5	#2413 HSK5	#2414 HSK5	#2415 HSK5
主人 zhǔ rén master, host, owner, CL:个 *Maître*	**主任** zhǔ rèn director, head, CL:個|个, *réalisateur*	**主题** zhǔ tí theme, subject *thème*	**主席** zhǔ xí chairperson, premier *président*	**主张** zhǔ zhāng to advocate, to stand for *plaider*

#2416 HSK5	#2417 HSK5	#2418 HSK5	#2419 HSK5	#2420 HSK5
煮 zhǔ to cook, to boil *cuisiner*	**注册** zhù cè to register, to enroll *enregistrer*	**祝福** zhù fú blessings, wish well *bénédictions*	**抓** zhuā to grab, to catch, to arrest *attraper*	**抓紧** zhuā jǐn to grasp firmly, to rush in *se précipiter*

#2421 HSK5	#2422 HSK5	#2423 HSK5	#2424 HSK5	#2425 HSK5
专家	专心	转变	转告	装
zhuān jiā	zhuān xīn	zhuǎn biàn	zhuǎn gào	zhuāng
expert, specialist, CL:个	to concentrate, absorption	to change, to transform, CL:个	to pass on, to communicate	to pretend, to attire, outfit
expert	*se concentrer*	*transformer*	*communiquer*	*Faire semblant*

#2426 HSK5	#2427 HSK5	#2428 HSK5	#2429 HSK5	#2430 HSK5
装饰	装修	撞	状况	状态
zhuāng shì	zhuāng xiū	zhuàng	zhuàng kuàng	zhuàng tài
to decorate, decoration	to fit up, to renovate	to hit, to strike	condition, state, situation, CL:个	state of affairs, state
décorer	*à rénover*	*frapper*	*état*	*situation*

#2431 HSK5	#2432 HSK5	#2433 HSK5	#2434 HSK5	#2435 HSK5
追	追求	咨询	姿势	资格
zhuī	zhuī qiú	zī xún	zī shì	zī gé
to sculpt, to carve	to seek after	to consult, to seek advice	posture, position	qualifications, seniority
sculpter	*obstinément*	*consulter*	*posture*	*qualifications*

#2436 HSK5	#2437 HSK5	#2438 HSK5	#2439 HSK5	#2440 HSK5
资金	资料	资源	紫	字母
zī jīn	zī liào	zī yuán	zǐ	zì mǔ
funds, funding, capital	material, resources, data	resources (natural, manpower etc)	purple, violet, amethyst	letter (of the alphabet)
le financement	*Matériel*	*Ressources*	*violet*	*alphabet*

#2441 HSK5	#2442 HSK5	#2443 HSK5	#2444 HSK5	#2445 HSK5
字幕	自从	自动	自豪	自觉
zì mù	zì cóng	zì dòng	zì háo	zì jué
caption, subtitle	since (a time), ever since	automatic, voluntarily	pride, to be proud of sth	conscious, conscientious
légende	*depuis*	*automatique*	*fierté*	*conscient*

#2446 HSK5	#2447 HSK5	#2448 HSK5	#2449 HSK5	#2450 HSK5
自私	自由	自愿	综合	总裁
zì sī	zì yóu	zì yuàn	zōng hé	zǒng cái
selfish, selfishness, self-centred	freedom, free, liberty, CL:个	voluntary, of one's own free will	to sum up, to integrate	chairman, director-general
égoïste	*liberté*	*volontaire*	*Pour résumer*	*PDG*

#2451 HSK5	#2452 HSK5	#2453 HSK5	#2454 HSK5	#2455 HSK5
总共	总理	总算	总统	总之
zǒng gòng	zǒng lǐ	zǒng suàn	zǒng tǒng	zǒng zhī
altogether, in sum, in all	premier, prime minister	at long last, finally, on the whole	president (of a country)	in a word, in short, in brief
tout à fait	*premier*	*enfin*	*Président*	*en bref*

#2456 HSK5	#2457 HSK5	#2458 HSK5	#2459 HSK5	#2460 HSK5
组	组成	组合	组织	阻止
zǔ	zǔ chéng	zǔ hé	zǔ zhī	zǔ zhǐ
to form, to organize	to form, to make up, to compose	to assemble, combination	to organize, organization, CL:个	to prevent, to block
organiser	*former*	*assembler*	*organiser*	*pour prévenir*

#2461 HSK5	#2462 HSK5	#2463 HSK5	#2464 HSK5	#2465 HSK5
最初	醉	尊敬	遵守	作品
zuì chū	zuì	zūn jìng	zūn shǒu	zuò pǐn
first, primary, initial	intoxicated, drunk, addicted to	to respect, to revere, to honour	to comply with, to abide by	work (of art), opus
primaire	*ivre*	*honorer*	*respecter*	*opus*

#2466 HSK5	#2467 HSK5	#2468 HSK6	#2469 HSK6	#2470 HSK6
作为	作文	挨	癌症	暧昧
zuò wéi	zuò wén	ái	ái zhèng	ài mèi
one's conduct, deed, activity	to write an essay, CL:篇	to suffer from, to endure, to delay	cancer	vague, ambiguous, equivocal
accomplissement	*écrire un essai*	*à supporter*	*cancer*	*vague*

#2471 HSK6	#2472 HSK6	#2473 HSK6	#2474 HSK6	#2475 HSK6
爱不释手	爱戴	安宁	安详	安置
ài bù shì shǒu	ài dài	ān níng	ān xiáng	ān zhì
to love sth too much	to love and respect	peaceful, tranquil, calm, composed	serene	find a place for, arrange for
aimer	*le respect*	*paisible*	*serein*	*organiser*

#2476 HSK6	#2477 HSK6	#2478 HSK6	#2479 HSK6	#2480 HSK6
按摩	暗示	案件	案例	昂贵
àn mó	àn shì	àn jiàn	àn lì	áng guì
massage	to hint, to suggest, suggestion	law case, legal case	case (law), CL:个	expensive, costly
massage	*insinuer*	*loi*	*affaire de droit*	*coûteux*

#2481 HSK6	#2482 HSK6	#2483 HSK6	#2484 HSK6	#2485 HSK6
凹凸	熬	奥秘	巴不得	巴结
āo tū	áo	ào mì	bā bù dé	bā jie
bumpy, uneven	to endure, to suffer	profound mystery	to be eager for	to fawn on, to curry favor with
cahoteux	*souffrir*	*mystère*	*avide de*	*maquillage*

#2486 HSK6	#2487 HSK6	#2488 HSK6	#2489 HSK6	#2490 HSK6
扒	疤	拔苗助长	把关	把手
bā	bā	bá miáo zhù zhǎng	bǎ guān	bǎ shǒu
to hold on to, to cling to	scar	to spoil things	to guard a pass, to check on sth	handle, grip, knob
ratisser	*cicatrice*	*gâcher*	*vérifier*	*bouton*

#2491 HSK6	#2492 HSK6	#2493 HSK6	#2494 HSK6	#2495 HSK6
罢工	霸道	掰	摆脱	拜访
bà gōng	bà dào	bāi	bǎi tuō	bài fǎng
a strike, to go on strike	overbearing, tyranny	to break with both hands	to break away from	pay a visit, call on
un coup	*autoritaire*	*casser*	*rabattre*	*appeler*

#2496 HSK6	#2497 HSK6	#2498 HSK6	#2499 HSK6	#2500 HSK6
拜年	拜托	败坏	斑	颁布
bài nián	bài tuō	bài huài	bān	bān bù
pay a New Year call	request sb to do sth, please!	to ruin, to corrupt, to undermine	spot, colored patch, stripe	to issue, to proclaim
payer un appel du Nouvel An	*demande*	*ruiner*	*place*	*proclamer*

#2501 HSK6	#2502 HSK6	#2503 HSK6	#2504 HSK6	#2505 HSK6
颁发	版本	伴侣	伴随	半途而废
bān fā	bǎn běn	bàn lv3	bàn suí	bàn tú ér fèi
to issue, to promulgate, to award	version, edition, release	partner, companion, mate	to accompany, to follow	to give up halfway (idiom)
émettre	version	un compagnon	accompagner	abandonner

#2506 HSK6	#2507 HSK6	#2508 HSK6	#2509 HSK6	#2510 HSK6
扮演	榜样	绑架	磅	包庇
bàn yǎn	bǎng yàng	bǎng jià	bàng	bāo bì
play the part of, act	example, model, CL:个	to kidnap, to abduct	pound	to shield, to harbor, to cover up
acte	exemple	kidnapper	livres sterling	protéger

#2511 HSK6	#2512 HSK6	#2513 HSK6	#2514 HSK6	#2515 HSK6
包袱	包围	包装	保管	保密
bāo fu	bāo wéi	bāo zhuāng	bǎo guǎn	bǎo mì
cloth-wrapper, load	to surround, to encircle, to hem in	package, pack	to assure, to guarantee	to keep sth confidential
charge	entourer	paquet	assurer	confidentiel

#2516 HSK6	#2517 HSK6	#2518 HSK6	#2519 HSK6	#2520 HSK6
保姆	保守	保卫	保养	保障
bǎo mǔ	bǎo shǒu	bǎo wèi	bǎo yǎng	bǎo zhàng
nanny, housekeeper	(politically) conservative	to defend, to safeguard	to take good care of health	to ensure, to guarantee
nounou	garder	défendre	conserver	garantir

#2521 HSK6	#2522 HSK6	#2523 HSK6	#2524 HSK6	#2525 HSK6
保重	饱和	报酬	报仇	报答
bǎo zhòng	bǎo hé	bào chou	bào chóu	bào dá
to take care of oneself	saturation	remuneration, reward	to revenge (oneself), to avenge	to repay, to requite
Prendre soin	*saturation*	*rémunération*	*Se venger*	*rembourser*

#2526 HSK6	#2527 HSK6	#2528 HSK6	#2529 HSK6	#2530 HSK6
报复	报警	报销	抱负	暴力
bào fù	bào jǐng	bào xiāo	bào fù	bào lì
to make reprisals, to retaliate	to report sth to the police	submit an expense account	aspiration, ambition	violence, (use) force, violent
se venger	*signaler*	*remboursement*	*aspiration*	*violent*

#2531 HSK6	#2532 HSK6	#2533 HSK6	#2534 HSK6	#2535 HSK6
暴露	曝光	爆发	爆炸	卑鄙
bào lù	bào guāng	bào fā	bào zhà	bēi bǐ
to expose, to reveal, to lay bare	exposure	to break out, to erupt	explosion, to explode	contemptible, despicable, base
à exposer	*exposition*	*éclater*	*explosion*	*méprisable*

#2536 HSK6	#2537 HSK6	#2538 HSK6	#2539 HSK6	#2540 HSK6
悲哀	悲惨	北极	备份	备忘录
bēi āi	bēi cǎn	bēi jí	bèi fèn	bèi wàng lù
grieved, sorrowful	miserable, tragic	the North Pole, the Arctic Pole	backup	memorandum, aide-memoire
douloureux	*misérable*	*le pôle Nord*	*sauvegarde*	*mémorandum*

#2541 HSK6	#2542 HSK6	#2543 HSK6	#2544 HSK6	#2545 HSK6
背叛 bèi pàn to betray *trahir*	背诵 bèi sòng recite, repeat from memory *réciter*	被动 bèi dòng passive (not taking initiative) *passif*	被告 bèi gào defendant *défendeur*	贝壳 bèi ké shell, conch, cowry *coquille*

#2546 HSK6	#2547 HSK6	#2548 HSK6	#2549 HSK6	#2550 HSK6
奔波 bēn bō rush about, be busy running about *se ruer*	奔驰 bēn chí to run quickly, to travel quickly *courir*	本能 běn néng instinct *instinct*	本钱 běn qián capital (finance), assets, means *les atouts*	本人 běn rén oneself, myself *moi même*

#2551 HSK6	#2552 HSK6	#2553 HSK6	#2554 HSK6	#2555 HSK6
本身 běn shēn in itself, per se, itself *lui-même*	本事 běn shi ability, skill, source material *aptitude*	笨拙 bèn zhuō clumsy, awkward, stupid *maladroit*	崩溃 bēng kuì to collapse, to crumble *S'effondrer*	蹦 bèng to leap, to bounce, to hop, to jump *bondir*

#2556 HSK6	#2557 HSK6	#2558 HSK6	#2559 HSK6	#2560 HSK6
迸发 bèng fā to burst out, to gush, to spurt *jaillir*	逼迫 bī pò to force, to compel, to coerce *forcer*	鼻涕 bí tì nasal mucus, snivel *pleurnicher*	比方 bǐ fang instance, example *exemple*	比喻 bǐ yù analogy, figuratively *analogie*

#2561 HSK6	#2562 HSK6	#2563 HSK6	#2564 HSK6	#2565 HSK6
比重	鄙视	弊病	弊端	臂
bǐ zhòng	bǐ shì	bì bìng	bì duān	bì
proportion, specific gravity	to despise, to disdain	malady, evil, malpractice	malpractice, abuse	arm
proportion	*mépriser*	*mal*	*abuser de*	*bras*

#2566 HSK6	#2567 HSK6	#2568 HSK6	#2569 HSK6	#2570 HSK6
闭塞	编织	边疆	边界	边境
bì sè	biān zhī	biān jiāng	biān jiè	biān jìng
hard to get to, out of the way	to weave, to knit, to plait	border area, borderland, frontier	boundary, border	frontier, border
fermer	*tisser*	*frontière*	*frontière*	*frontière*

#2571 HSK6	#2572 HSK6	#2573 HSK6	#2574 HSK6	#2575 HSK6
边缘	鞭策	扁	贬低	贬义
biān yuán	biān cè	biǎn	biǎn dī	biǎn yì
edge, fringe, verge, brink	to spur on, to urge on	flat, (old form of character 匾	to belittle, to disparage	derogatory sense
bord	*d'exhorter*	*plat*	*déprécier*	*sens désobligeant*

#2576 HSK6	#2577 HSK6	#2578 HSK6	#2579 HSK6	#2580 HSK6
便利	便条	便于	变故	变迁
biàn lì	biàn tiáo	biàn yú	biàn gù	biàn qiān
convenient, easy, facilitate	(informal) note, CL:张,个	easy to, convenient for	an unforeseen event, accident	changes, vicissitudes
pratique	*Remarque*	*facile*	*malheur*	*changements*

#2581 HSK6	#2582 HSK6	#2583 HSK6	#2584 HSK6	#2585 HSK6
变质	辨认	辩护	辩解	辩证
biàn zhì	biàn rèn	biàn hù	biàn jiě	biàn zhèng
to degenerate, to go bad	to recognize, to identify	to speak in defense of	to explain, to justify	to investigate, dialectical
dégénérer	reconnaître	se disputer	expliquer	enquêter

#2586 HSK6	#2587 HSK6	#2588 HSK6	#2589 HSK6	#2590 HSK6
辫子	遍布	标本	标记	标题
biàn zi	biàn bù	biāo běn	biāo jì	biāo tí
plait, braid, pigtail	to cover the whole (area)	specimen, sample	sign, mark, symbol, to mark up	title, heading, headline
tresser	couvrir	échantillon	signe	gros titre

#2591 HSK6	#2592 HSK6	#2593 HSK6	#2594 HSK6	#2595 HSK6
表决	表态	表彰	憋	别墅
biǎo jué	biǎo tài	biǎo zhāng	biē	bié shù
decide by vote, vote	to declare one's position	to honor, to cite (in dispatches)	to choke, to stifle, to restrain	villa, CL:幢,座
voter	déclarer	à l'honneur	étouffer	villa

#2596 HSK6	#2597 HSK6	#2598 HSK6	#2599 HSK6	#2600 HSK6
别致	别扭	濒临	冰雹	丙
bié zhì	biè niu	bīn lín	bīng báo	bǐng
unusual, unique	awkward, difficult, not agreeing	on the verge of, close to	hail, hailstone	third in order (III)
unique	gênant	proche de	saluer	troisième

#2601 HSK6	#2602 HSK6	#2603 HSK6	#2604 HSK6	#2605 HSK6
并列	剥削	拨	播种	波浪
bìng liè	bō xuē	bō	bō zhòng	bō làng
to stand side by side	to exploit, exploitation	to push aside, to allocate	to sow seeds, sowing, seed	wave
être juxtaposé	*exploiter*	*classificateur*	*semis*	*vague*

#2606 HSK6	#2607 HSK6	#2608 HSK6	#2609 HSK6	#2610 HSK6
波涛	伯母	博大精深	博览会	搏斗
bō tāo	bó mǔ	bó dà jīng shēn	bó lǎn huì	bó dòu
great waves, billows,	aunt	wide-ranging and profound	exposition, international fair	to wrestle, to fight, to struggle
bouffées	*tante*	*vaste*	*exposition*	*lutter*

#2611 HSK6	#2612 HSK6	#2613 HSK6	#2614 HSK6	#2615 HSK6
薄弱	不顾	不愧	不料	不像话
bó ruò	bú gù	bú kuì	bú liào	bú xiàng huà
weak, frail	in spite of, regardless of	be worthy of, deserve to be called	unexpectedly, to one's surprise	unreasonable, shocking, outrageous
frêle	*outre le fait que*	*être digne*	*de façon inattendue*	*déraisonnable*

#2616 HSK6	#2617 HSK6	#2618 HSK6	#2619 HSK6	#2620 HSK6
不屑一顾	哺乳	捕捉	补偿	补救
bú xiè yī gù	bǔ rǔ	bǔ zhuō	bǔ cháng	bǔ jiù
to disdain as beneath contempt	breast feeding, to suckle, to nurse	to catch, to seize, to capture	compensate, make up	remedy
dédaigner	*téter*	*attraper*	*compenser*	*remède*

#2621 HSK6	#2622 HSK6	#2623 HSK6	#2624 HSK6	#2625 HSK6
补贴	不禁	不堪	不可思议	不免
bǔ tiē	bù jīn	bù kān	bù kě sī yì	bù miǎn
to subsidize, subsidy, allowance	can't help (doing sth)	cannot bear, cannot stand	inconceivable (idiom)	unavoidable
subventionner	*ne peut pas aider*	*totalement*	*inimaginable*	*inévitable*

#2626 HSK6	#2627 HSK6	#2628 HSK6	#2629 HSK6	#2630 HSK6
不时	不惜	不相上下	不由得	不止
bù shí	bù xī	bù xiāng shàng xià	bù yóu de	bù zhǐ
frequently, often	not stint, not spare	equally matched, about the same	can't help, cannot but	incessantly, without end
souvent	*n'hésite pas*	*même*	*ne peut pas aider*	*sans cesse*

#2631 HSK6	#2632 HSK6	#2633 HSK6	#2634 HSK6	#2635 HSK6
布告	布局	布置	步伐	部署
bù gào	bù jú	bù zhì	bù fá	bù shǔ
posting on a bulletin board	arrangement, composition, layout	to put in order, to arrange	pace, (measured) step, march	to dispose, to deploy, deployment
bulletin	*arrangement*	*organiser*	*rythme*	*disposer*

#2636 HSK6	#2637 HSK6	#2638 HSK6	#2639 HSK6	#2640 HSK6
部位	才干	裁缝	裁判	裁员
bù wèi	cái gàn	cái feng	cái pàn	cái yuán
position, place	ability, competence	tailor, dressmaker	judgment, to referee	to cut staff, to lay off employees
position	*compétence*	*tailleur*	*jugement*	*licencier*

#2641 HSK6	#2642 HSK6	#2643 HSK6	#2644 HSK6	#2645 HSK6
财富	财务	财政	彩票	采购
cái fù	cái wù	cái zhèng	cǎi piào	cǎi gòu
wealth, riches	financial affairs	finances (public), financial	lottery ticket	to procure (for an enterprise etc)
richesse	*affaires financières*	*financier*	*loterie*	*acheter*

#2646 HSK6	#2647 HSK6	#2648 HSK6	#2649 HSK6	#2650 HSK6
采集	采纳	参谋	参照	残疾
cǎi jí	cǎi nà	cān móu	cān zhào	cán jí
to gather, to collect, to harvest	to accept, to adopt (ideas)	staff officer, to give advice	to consult a reference	disabled, handicapped
rassembler	*accepter*	*officier*	*consulter*	*désactivée*

#2651 HSK6	#2652 HSK6	#2653 HSK6	#2654 HSK6	#2655 HSK6
残酷	残留	残忍	灿烂	仓促
cán kù	cán liú	cán rěn	càn làn	cāng cù
cruel, ruthless, cruelty	to remain, left over, surplus	merciless, ruthless, cruel, mean	to glitter, brilliant, splendid	all of a sudden, hurriedly
cruel	*rester*	*sans merci*	*briller*	*précipitamment*

#2656 HSK6	#2657 HSK6	#2658 HSK6	#2659 HSK6	#2660 HSK6
仓库	舱	苍白	操劳	操练
cāng kù	cāng	cāng bái	cāo láo	cāo liàn
depot, storehouse, warehouse	the hold of a ship or airplane	pale, wan	to work hard, to look after	drill, practice
dépôt	*cabine*	*pâle*	*travailler dur*	*percer*

#2661 HSK6	#2662 HSK6	#2663 HSK6	#2664 HSK6	#2665 HSK6
操纵	操作	嘈杂	草案	草率
cāo zòng	cāo zuò	cáo zá	cǎo àn	cǎo shuài
to operate, to control	to work, to operate, to manipulate	noisy, clamorous	draft (legislation, proposal etc)	careless, negligent, sloppy
opérer	*travailler*	*bruyant*	*Brouillon*	*négligent*

#2666 HSK6	#2667 HSK6	#2668 HSK6	#2669 HSK6	#2670 HSK6
侧面	测量	策划	策略	层出不穷
cè miàn	cè liáng	cè huà	cè lvè	céng chū bù qióng
lateral side, side, aspect, profile	to survey, to measure	to bring about, to engineer	tactics, to be tactful	more and more emerge
aspect	*faire un sondage*	*comploter*	*tactique*	*émerger*

#2671 HSK6	#2672 HSK6	#2673 HSK6	#2674 HSK6	#2675 HSK6
层次	差别	插座	查获	刹那
céng cì	chā bié	chā zuò	chá huò	chà nà
arrangement of ideas	difference, distinction	socket, outlet,	to investigate and capture	an instant (Sanskrit: ksana)
administratif	*différence*	*prise*	*enquêter*	*un instant*

#2676 HSK6	#2677 HSK6	#2678 HSK6	#2679 HSK6	#2680 HSK6
岔	诧异	柴油	搀	缠绕
chà	chà yì	chái yóu	chān	chán rào
fork in road, bifurcation	flabbergasted, astonished	diesel fuel	to assist by the arm, to mix	twisting, to twine, to wind
bifurcation	*étonné*	*carburant*	*soutenir*	*torsion*

#2681 HSK6	#2682 HSK6	#2683 HSK6	#2684 HSK6	#2685 HSK6
馋	产业	阐述	颤抖	昌盛
chán	chǎn yè	chǎn shù	chàn dǒu	chāng shèng
gluttonous, greedy	industry, estate, property	to expound (a position)	to shudder, to shiver, to shake	prosperous
glouton	*industrie*	*exposer*	*frissonner*	*prospère*

#2686 HSK6	#2687 HSK6	#2688 HSK6	#2689 HSK6	#2690 HSK6
偿还	尝试	场合	场面	场所
cháng huán	cháng shì	chǎng hé	chǎng miàn	chǎng suǒ
to repay, to reimburse	to try, to attempt, CL:次	situation, occasion	scene, occasion	location, place
rembourser	*tenter*	*situation*	*occasion*	*emplacement*

#2691 HSK6	#2692 HSK6	#2693 HSK6	#2694 HSK6	#2695 HSK6
敞开	倡导	倡议	畅通	畅销
chǎng kāi	chàng dǎo	chàng yì	chàng tōng	chàng xiāo
wide open, to open up	to advocate, to initiate	to suggest, to initiate	unimpeded, unclogged	best seller, chart-topping
s'ouvrir	*plaider*	*suggérer*	*débouché*	*Best-seller*

#2696 HSK6	#2697 HSK6	#2698 HSK6	#2699 HSK6	#2700 HSK6
超越	钞票	嘲笑	巢穴	朝代
chāo yuè	chāo piào	cháo xiào	cháo xué	cháo dài
to surpass, to exceed, to transcend	paper money, CL:张,扎	jeer, mockery, scoff, sneer	lair, nest, den, hideout	dynasty, reign (of a king)
surpasser	*argent*	*moquerie*	*cachette*	*dynastie*

#2701 HSK6	#2702 HSK6	#2703 HSK6	#2704 HSK6	#2705 HSK6
潮流	撤退	撤销	沉淀	沉闷
cháo liú	chè tuì	chè xiāo	chén diàn	chén mèn
tide, current, trend	to withdraw, to pull out	to repeal, to revoke, to undo	to settle, to precipitate	oppressive (of weather)
tendance	*Se rétracter*	*abroger*	*s'installer*	*oppressif*

#2706 HSK6	#2707 HSK6	#2708 HSK6	#2709 HSK6	#2710 HSK6
沉思	沉重	沉着	陈旧	陈列
chén sī	chén zhòng	chén zhuó	chén jiù	chén liè
contemplate, contemplation	heavy, hard, serious, critical	steady, calm and collected	old-fashioned	to display, to exhibit
contempler	*lourd*	*stable*	*démodé*	*afficher*

#2711 HSK6	#2712 HSK6	#2713 HSK6	#2714 HSK6	#2715 HSK6
陈述	称心如意	衬托	称号	乘
chén shù	chèn xīn rú yì	chèn tuō	chēng hào	chéng
an assertion, to declare, to state	after one's heart (idiom)	to set off	name, term of address, title	to ride, to mount, to make use of
une affirmation	*gratifiant*	*pour déclencher*	*Nom*	*conduire*

#2716 HSK6	#2717 HSK6	#2718 HSK6	#2719 HSK6	#2720 HSK6
呈现	城堡	惩罚	成本	成交
chéng xiàn	chéng bǎo	chéng fá	chéng běn	chéng jiāo
to appear, to emerge, to present	castle, rook (chess piece)	punishment, penalty, to punish	costs	to complete a contract
apparaître	*Château*	*Châtiment*	*frais*	*un accord*

#2721 HSK6	#2722 HSK6	#2723 HSK6	#2724 HSK6	#2725 HSK6
成天	成效	成心	成员	承办
chéng tiān	chéng xiào	chéng xīn	chéng yuán	chéng bàn
(coll.) all day long, all the time	effect, result	intentional, deliberate, on purpose	member	to undertake, to accept a contract
tout le temps	*résultat*	*intentionnel*	*membre*	*à entreprendre*

#2726 HSK6	#2727 HSK6	#2728 HSK6	#2729 HSK6	#2730 HSK6
承包	承诺	橙	澄清	盛
chéng bāo	chéng nuò	chéng	chéng qīng	chéng
to contract, to undertake (a job)	to undertake to do something	orange (fruit, color)	clear (of liquid), limpid	to hold, to contain, to ladle
contracter	*promettre*	*des oranges*	*limpide*	*tenir*

#2731 HSK6	#2732 HSK6	#2733 HSK6	#2734 HSK6	#2735 HSK6
诚挚	秤	吃苦	吃力	持久
chéng zhì	chèng	chī kǔ	chī lì	chí jiǔ
sincere, cordial	steelyard, Roman balance	to bear, hardships	entail strenuous effort	lasting, enduring, persistent
sincère	*balance romaine*	*difficultés*	*une souche*	*durable*

#2736 HSK6	#2737 HSK6	#2738 HSK6	#2739 HSK6	#2740 HSK6
迟钝	迟缓	迟疑	赤道	赤字
chí dùn	chí huǎn	chí yí	chì dào	chì zì
slow in one's reactions	slow, sluggish	to hesitate	equator	(financial) deficit, red letter
réactions	*léthargique*	*hésiter*	*équateur*	*déficit*

#2741 HSK6	#2742 HSK6	#2743 HSK6	#2744 HSK6	#2745 HSK6
充当	充沛	充实	充足	冲动
chōng dāng	chōng pèi	chōng shí	chōng zú	chōng dòng
to serve as, to act as	abundant, plentiful, vigorous	rich, substantial, enrich	adequate, sufficient, abundant	impetus, impulse
pour servir de	*abondant*	*substantiel*	*adéquat*	*élan*

#2746 HSK6	#2747 HSK6	#2748 HSK6	#2749 HSK6	#2750 HSK6
冲击	冲突	崇拜	崇高	崇敬
chōng jī	chōng tū	chóng bài	chóng gāo	chóng jìng
an attack, under attack, a shock	conflict, to conflict	to worship, adoration	majestic, sublime	to revere, high esteem
une attaque	*conflit*	*idolâtrer*	*majestueux*	*vénérer*

#2751 HSK6	#2752 HSK6	#2753 HSK6	#2754 HSK6	#2755 HSK6
重叠	稠密	筹备	丑恶	出路
chóng dié	chóu mì	chóu bèi	chǒu è	chū lù
to overlap, to superimpose	dense	preparations, to get ready for sth	ugly, repulsive	a way out (of a difficulty etc)
se chevaucher	*dense*	*les préparatifs*	*laid*	*une sortie*

#2756 HSK6	#2757 HSK6	#2758 HSK6	#2759 HSK6	#2760 HSK6
出卖	出身	出神	出息	初步
chū mài	chū shēn	chū shén	chū xi	chū bù
to offer for sale, to sell	family background, class origin	entranced, Trance (music genre)	promise, prospects, future	initial, preliminary, tentative
vendre	*origine*	*ravi*	*promettre*	*provisoire*

#2761 HSK6	#2762 HSK6	#2763 HSK6	#2764 HSK6	#2765 HSK6
除	储备	储存	储蓄	处分
chú	chǔ bèi	chǔ cún	chǔ xù	chǔ fèn
to get rid of, to remove	to store up, reserves	stockpile, to store	to deposit money, to save, savings	to discipline sb, to punish, CL:个
retirer	réserves	ranger	déposer	punir

#2766 HSK6	#2767 HSK6	#2768 HSK6	#2769 HSK6	#2770 HSK6
处境	处置	触犯	穿越	传达
chǔ jìng	chǔ zhì	chù fàn	chuān yuè	chuán dá
plight, unfavorable situation	to handle, to take care of	to offend, to violate	to pass through, to cross	to pass on, to convey
situation critique	gérer	offenser	surpasser	transmettre

#2771 HSK6	#2772 HSK6	#2773 HSK6	#2774 HSK6	#2775 HSK6
传单	传授	船舶	喘气	串
chuán dān	chuán shòu	chuán bó	chuǎn qì	chuàn
leaflet, flier, pamphlet	to impart, to pass on, to teach	shipping, boats	to breathe deeply, to pant	to string together, to mix up
brochure	donner	livraison	haleter	conspirer

#2776 HSK6	#2777 HSK6	#2778 HSK6	#2779 HSK6	#2780 HSK6
床单	创立	创新	创业	创作
chuáng dān	chuàng lì	chuàng xīn	chuàng yè	chuàng zuò
sheet (bed), CL:条	to found, to establish, originate	innovation, to blaze new trails	to begin an undertaking	to create, to produce, to write
feuille	établir	innovation	commencer	créer

#2781 HSK6	#2782 HSK6	#2783 HSK6	#2784 HSK6	#2785 HSK6
吹牛	吹捧	炊烟	垂直	锤
chuī niú	chuī pěng	chuī yān	chuí zhí	chuí
to brag, to chat (dialect)	to flatter, adulation	smoke from kitchen chimneys,	perpendicular, vertical	hammer, to hammer into shape
se vanter	*flatter*	*fumée*	*perpendiculaire*	*marteau*

#2786 HSK6	#2787 HSK6	#2788 HSK6	#2789 HSK6	#2790 HSK6
纯粹	纯洁	慈善	慈祥	磁带
chún cuì	chún jié	cí shàn	cí xiáng	cí dài
purely	pure, clean and honest, to purify	benevolent, charitable,	kindly, benevolent	magnetic tape, CL:盘 ,盒
purement	*pur*	*bienveillant*	*gentiment*	*Bande magnetique*

#2791 HSK6	#2792 HSK6	#2793 HSK6	#2794 HSK6	#2795 HSK6
雌雄	伺候	刺	次品	次序
cí xióng	cì hòu	cì	cì pǐn	cì xù
male and female	to serve, to act as a valet	thorn, splinter, to stab	substandard products, defective	sequence, order
mâle et femelle	*un valet de chambre*	*épine*	*défectueux*	*séquence*

#2796 HSK6	#2797 HSK6	#2798 HSK6	#2799 HSK6	#2800 HSK6
丛	从容	凑合	粗鲁	窜
cóng	cóng róng	còu he	cū lǔ	cuàn
cluster, collection	to go easy, unhurried, calm	to bring together	crude, coarse, rough	to flee, to scuttle, to exile
grappe	*sans hâte*	*apporter*	*brut*	*fuire*

#2801 HSK6	#2802 HSK6	#2803 HSK6	#2804 HSK6	#2805 HSK6
摧残	脆弱	搓	磋商	挫折
cuī cán	cuì ruò	cuō	cuō shāng	cuò zhé
to ravage, to ruin	weak, frail	to twist	to consult, to negotiate	setback, reverse, check
ravager	*faible*	*tordre*	*consulter*	*sens inverse*

#2806 HSK6	#2807 HSK6	#2808 HSK6	#2809 HSK6	#2810 HSK6
搭	搭档	搭配	答辩	答复
dā	dā dàng	dā pèi	dá biàn	dá fù
to put up, to build (scaffolding)	to cooperate, partner	to pair up, to match	to reply (to an accusation)	to answer, to reply
accrocher	*coopérer*	*correspondre*	*répondre*	*répondre*

#2811 HSK6	#2812 HSK6	#2813 HSK6	#2814 HSK6	#2815 HSK6
达成	打包	打官司	打击	打架
dá chéng	dǎ bāo	dǎ guān si	dǎ jī	dǎ jià
to reach (an agreement)	to wrap, to pack	to file a lawsuit, to sue	to hit, to strike, to attack	to fight, to scuffle
accomplir	*Envelopper*	*se disputer*	*frapper*	*combattre*

#2816 HSK6	#2817 HSK6	#2818 HSK6	#2819 HSK6	#2820 HSK6
打量	打猎	打仗	大不了	大臣
dǎ liang	dǎ liè	dǎ zhàng	dà bù liǎo	dà chén
to size sb up, to take measure of	to go hunting	to fight a battle, to go to war	at worst, serious, alarming	minister (of a monarchy)
sur mesure	*aller à la chasse*	*combattre*	*sérieux*	*ministre*

#2821 HSK6	#2822 HSK6	#2823 HSK6	#2824 HSK6	#2825 HSK6
大伙儿	大肆	大体	大意	大致
dà huǒ r	dà sì	dà tǐ	dà yì	dà zhì
everybody, everyone, we all	wantonly, without restraint	in general, basically	general idea, main idea	more or less, roughly
Tout le monde	*sans vergogne*	*fondamentalement*	*idée principale*	*approximativement*

#2826 HSK6	#2827 HSK6	#2828 HSK6	#2829 HSK6	#2830 HSK6
歹徒	代价	代理	带领	怠慢
dǎi tú	dài jià	dài lǐ	dài lǐng	dài màn
evil-doer, malefactor, gangster	price, cost, consideration	to act on behalf of sb	to guide, to lead	to slight, to neglect
malfaiteur	*prix*	*agir*	*guider*	*négliger*

#2831 HSK6	#2832 HSK6	#2833 HSK6	#2834 HSK6	#2835 HSK6
逮捕	担保	胆怯	淡季	淡水
dài bǔ	dān bǎo	dǎn qiè	dàn jì	dàn shuǐ
to arrest, to apprehend, an arrest	to guarantee, to vouch for	timid, cowardly	off season, slow business season	fresh water
arrêter	*garantir*	*timide*	*lent*	*eau fraiche*

#2836 HSK6	#2837 HSK6	#2838 HSK6	#2839 HSK6	#2840 HSK6
蛋白质	诞辰	诞生	当场	当初
dàn bái zhì	dàn chén	dàn shēng	dāng chǎng	dāng chū
protein	birthday	to be born	at the scene, on the spot	at that time, originally
protéine	*anniversaire*	*naître*	*scène*	*initialement*

#2841 HSK6	#2842 HSK6	#2843 HSK6	#2844 HSK6	#2845 HSK6
当代	当面	当前	当事人	当务之急
dāng dài	dāng miàn	dāng qián	dāng shì rén	dāng wù zhī jí
the present age	to sb's face, in sb's presence	current, today's, modern	persons involved or implicated	top priority job
contemporain	*présence*	*courant*	*impliqué*	*priorité*

#2846 HSK6	#2847 HSK6	#2848 HSK6	#2849 HSK6	#2850 HSK6
当选	党	档案	档次	倒闭
dāng xuǎn	dǎng	dàng àn	dàng cì	dǎo bì
be elected	party, association, club	file, record, archive	grade, class, quality, level	to go bankrupt, to close down
Être élu	*association*	*record*	*niveau*	*faillite*

#2851 HSK6	#2852 HSK6	#2853 HSK6	#2854 HSK6	#2855 HSK6
导弹	导航	导向	捣乱	盗窃
dǎo dàn	dǎo háng	dǎo xiàng	dǎo luàn	dào qiè
guided missile, CL:枚	navigation	to be oriented towards, orientation	to disturb, to look for trouble	to steal
missile	*la navigation*	*orientation*	*déranger*	*voler*

#2856 HSK6	#2857 HSK6	#2858 HSK6	#2859 HSK6	#2860 HSK6
稻谷	得力	得天独厚	得罪	灯笼
dào gǔ	dé lì	dé tiān dú hòu	dé zuì	dēng lóng
rice crops	able, capable, competent, efficient	(of an area) rich in resources	to commit an offense	lantern
cultures	*efficace*	*riches*	*S'engager*	*lanterne*

#2861 HSK6	#2862 HSK6	#2863 HSK6	#2864 HSK6	#2865 HSK6
登录	登陆	蹬	等候	等级
dēng lù	dēng lù	dēng	děng hòu	děng jí
to register, to login	to land, to come ashore, to log in	to tread on, to step on	waiting	degree, rate
ouvrir une session	*atterrir*	*marcher*	*attendre*	*degré*

#2866 HSK6	#2867 HSK6	#2868 HSK6	#2869 HSK6	#2870 HSK6
瞪	堤坝	敌视	抵达	抵抗
dèng	dī bà	dí shì	dǐ dá	dǐ kàng
to open (one's eyes) wide	dam	hostile, malevolence, antagonism	arrive, reach (a destination)	to resist, resistance
fixer	*barrage*	*hostile*	*arrivée*	*la résistance*

#2871 HSK6	#2872 HSK6	#2873 HSK6	#2874 HSK6	#2875 HSK6
抵制	地步	地势	地质	递增
dǐ zhì	dì bù	dì shì	dì zhì	dì zēng
to resist, to boycott, to reject	condition, situation, plight	terrain, topography relief	geology	to increase by degrees
à résister	*état*	*terrain*	*géologie*	*augmenter*

#2876 HSK6	#2877 HSK6	#2878 HSK6	#2879 HSK6	#2880 HSK6
颠簸	颠倒	典礼	典型	点缀
diān bǒ	diān dǎo	diǎn lǐ	diǎn xíng	diǎn zhuì
to shake, to jolt, to bump	to turn upside-down, to reverse	celebration, ceremony	model, typical case, archetype	to decorate, an ornament
secouer	*inverser*	*fête*	*modèle*	*décorer*

#2881 HSK6	#2882 HSK6	#2883 HSK6	#2884 HSK6	#2885 HSK6
垫	奠定	惦记	电源	叼
diàn	diàn dìng	diàn jì	diàn yuán	diāo
pad, cushion, mat	to establish, to fix, to settle	remember with concern, worry about	electric power source	to hold in the mouth
coussin	*établir*	*rappelles toi*	*électrique*	*tenir*

#2886 HSK6	#2887 HSK6	#2888 HSK6	#2889 HSK6	#2890 HSK6
雕刻	雕塑	吊	调动	跌
diāo kè	diāo sù	diào	diào dòng	diē
to carve, to engrave, carving	a statue, a Buddhist image	to suspend, to hang up	to transfer, to maneuver	to drop, to fall, to tumble
à sculpter	*une statue*	*Suspendre*	*transférer*	*laisser tomber*

#2891 HSK6	#2892 HSK6	#2893 HSK6	#2894 HSK6	#2895 HSK6
丁	叮嘱	盯	定期	定义
dīng	dīng zhǔ	dīng	dìng qī	dìng yì
fourth of 10 heavenly stems 十天干	to warn repeatedly, to urge	to watch attentively	regularly, at regular intervals	definition
Quatrième	*avertir*	*fixer*	*régulièrement*	*définition*

#2896 HSK6	#2897 HSK6	#2898 HSK6	#2899 HSK6	#2900 HSK6
丢人	丢三落四	东道主	东张西望	董事长
diū rén	diū sān là sì	dōng dào zhǔ	dōng zhāng xī wàng	dǒng shì zhǎng
to lose face	forgetful, scatterbrained	host, official host	to glance around	chairman of the board, chairman
perdre la face	*oublieux*	*hôte*	*Jeter un coup d'oeil*	*président*

#2901 HSK6	#2902 HSK6	#2903 HSK6	#2904 HSK6	#2905 HSK6
冻结	动荡	动机	动静	动力
dòng jié	dòng dàng	dòng jī	dòng jìng	dòng lì
to freeze (loan, wage, price etc)	unrest (social or political)	motor, locomotive, motive	news of activity	power, motion, propulsion, force
geler	*troubles*	*moteur*	*nouvelles*	*Puissance*

#2906 HSK6	#2907 HSK6	#2908 HSK6	#2909 HSK6	#2910 HSK6
动脉	动身	动手	动态	动员
dòng mài	dòng shēn	dòng shǒu	dòng tài	dòng yuán
artery	go on a journey, leave	to hit with hands or fists	development, trend	mobilize, arouse, CL:次,个
artère	*périple*	*toucher*	*développement*	*mobiliser*

#2911 HSK6	#2912 HSK6	#2913 HSK6	#2914 HSK6	#2915 HSK6
兜	陡峭	斗争	督促	毒品
dōu	dǒu qiào	dòu zhēng	dū cù	dú pǐn
bag, to wrap up or hold in a bag	precipitous	a struggle, fight, battle	to urge sb to complete a task	drugs, narcotics, poison
poche	*abrupt*	*une lutte*	*d'exhorter*	*drogues*

#2916 HSK6	#2917 HSK6	#2918 HSK6	#2919 HSK6	#2920 HSK6
独裁	堵塞	赌博	端	端午节
dú cái	dǔ sè	dǔ bó	duān	duān wǔ jié
dictatorship	to block, to stop, blockage	to gamble	end, extremity, item, port, regular	The Dragon Boat Festival
dictature	*bloquer*	*jouer*	*fin*	*Le festival du bateau dragon*

#2921 HSK6	#2922 HSK6	#2923 HSK6	#2924 HSK6	#2925 HSK6
端正	短促	断定	断绝	堆积
duān zhèng	duǎn cù	duàn dìng	duàn jué	duī jī
upright, regular, proper, correct	short in time, fleeting, brief	to conclude, to determine	to sever, to break off	to pile up, to heap, accumulation
droit	*bref*	*de conclure*	*pour sectionner*	*empiler*

#2926 HSK6	#2927 HSK6	#2928 HSK6	#2929 HSK6	#2930 HSK6
兑现	对称	对付	对抗	对立
duì xiàn	duì chèn	duì fu	duì kàng	duì lì
(of a cheque etc) to cash	symmetry, symmetrical	to handle, to deal with	to withstand, to resist	to oppose, to set sth against
à l'honneur	*symétrie*	*gérer*	*résister à*	*s'opposer*

#2931 HSK6	#2932 HSK6	#2933 HSK6	#2934 HSK6	#2935 HSK6
对联	对应	对照	队伍	顿时
duì lián	duì yìng	duì zhào	duì wu	dùn shí
rhyming couplet, CL:幅	to correspond	to contrast, to compare, to check	ranks, troops, CL:个	at once, immediately, forthwith
rimer	*correspondre*	*contraster*	*rangs*	*immédiatement*

#2936 HSK6	#2937 HSK6	#2938 HSK6	#2939 HSK6	#2940 HSK6
哆嗦	多元化	堕落	额外	恶心
duō suo	duō yuán huà	duò luò	é wài	ě xin
to tremble, to shiver	diversification, pluralism	to morally degenerate	extra, added, additional	nausea, to feel sick, disgust
trembler	*diversification*	*dépravé*	*supplémentaire*	*dégoûter*

#2941 HSK6	#2942 HSK6	#2943 HSK6	#2944 HSK6	#2945 HSK6
恶化	遏制	恩怨	而已	二氧化碳
è huà	è zhì	ēn yuàn	ér yǐ	èr yǎng huà tàn
worsen	to check, to contain	(feeling of) resentment	that's all, nothing more	carbon dioxide, CO2
empirer	*vérifier*	*rancœur*	*rien*	*gaz carbonique*

#2946 HSK6	#2947 HSK6	#2948 HSK6	#2949 HSK6	#2950 HSK6
发布	发财	发呆	发动	发觉
fā bù	fā cái	fā dāi	fā dòng	fā jué
to release, to issue	to get rich	to daydream, lost in thought	to start, to launch, to unleash	to find, to detect, to discover
libérer	*riches*	*revasser*	*lancer*	*découvrir*

#2951 HSK6	#2952 HSK6	#2953 HSK6	#2954 HSK6	#2955 HSK6
发射	发誓	发行	发炎	发扬
fā shè	fā shì	fā xíng	fā yán	fā yáng
to shoot (a projectile)	to vow, to pledge, to swear	to publish, to release	inflammation	to develop, to make full use of
tirer	*promettre*	*de publier*	*inflammation*	*développer*

#2956 HSK6	#2957 HSK6	#2958 HSK6	#2959 HSK6	#2960 HSK6
发育	法人	番	凡是	繁华
fā yù	fǎ rén	fān	fán shì	fán huá
to develop, growth, development	legal person, corporation	to take turns, a kind of	every, all	flourishing, bustling
développement	*société*	*à tour de rôle*	*tout*	*florissant*

#2961 HSK6	#2962 HSK6	#2963 HSK6	#2964 HSK6	#2965 HSK6
繁忙 fán máng busy, bustling *animée*	繁体字 fán tǐ zì traditional Chinese character *caractère chinois traditionnel*	繁殖 fán zhí to breed, to reproduce *se reproduire*	反驳 fǎn bó to retort, to refute *répliquer*	反常 fǎn cháng unusual, abnormal *inhabituel*
#2966 HSK6	#2967 HSK6	#2968 HSK6	#2969 HSK6	#2970 HSK6
反感 fǎn gǎn to be disgusted with, to dislike *ne pas aimer*	反抗 fǎn kàng to resist, to rebel *à résister*	反馈 fǎn kuì to send back information, feedback *retour d'information*	反面 fǎn miàn reverse side of sth *sens inverse*	反射 fǎn shè to reflect, reflection *refléter*
#2971 HSK6	#2972 HSK6	#2973 HSK6	#2974 HSK6	#2975 HSK6
反思 fǎn sī to think back over sth *réviser*	反问 fǎn wèn to ask (a question) in reply *demander*	反之 fǎn zhī on the other hand..., conversely... *inversement*	泛滥 fàn làn to be in flood, to inundate *inonder*	范畴 fàn chóu category *Catégorie*
#2976 HSK6	#2977 HSK6	#2978 HSK6	#2979 HSK6	#2980 HSK6
贩卖 fàn mài to sell, to peddle, to traffic *vendre*	方位 fāng wèi direction, bearing, position *direction*	方言 fāng yán dialect *dialecte*	方圆 fāng yuán circumference *circonférence*	方针 fāng zhēn policy, guidelines, CL:个 *politique*

#2981 HSK6	#2982 HSK6	#2983 HSK6	#2984 HSK6	#2985 HSK6
防守	防御	防止	防治	纺织
fáng shǒu	fáng yù	fáng zhǐ	fáng zhì	fǎng zhī
defend, protect (against)	defense	to prevent, to guard against	prevention and cure	spinning and weaving
défendre	la défense	pour prévenir	la prévention	filage

#2986 HSK6	#2987 HSK6	#2988 HSK6	#2989 HSK6	#2990 HSK6
访问	放大	放射	非法	飞禽走兽
fǎng wèn	fàng dà	fàng shè	fēi fǎ	fēi qín zǒu shòu
to visit, to call on	to enlarge, to magnify	to radiate, radioactive	illegal	birds and animals
visiter	agrandir	rayonner	illégal	oiseaux et animaux

#2991 HSK6	#2992 HSK6	#2993 HSK6	#2994 HSK6	#2995 HSK6
飞翔	飞跃	肥沃	诽谤	废除
fēi xiáng	fēi yuè	féi wò	fěi bàng	fèi chú
fly	to leap	fertile	slander, libel	to abolish, to abrogate, to repeal
mouche	bondir	fertile	calomnie	abolir

#2996 HSK6	#2997 HSK6	#2998 HSK6	#2999 HSK6	#3000 HSK6
废墟	沸腾	肺	分辨	分寸
fèi xū	fèi téng	fèi	fēn biàn	fēn cun
ruins	boiling, ebullition	lung, CL:个	to distinguish, to differentiate	propriety, appropriate behavior
ruines	ébullition	poumon	distinguer	convenance

#3001 HSK6	#3002 HSK6	#3003 HSK6	#3004 HSK6	#3005 HSK6
分红	分解	分裂	分泌	分明
fēn hóng	fēn jiě	fēn liè	fēn mì	fēn míng
a bonus, to award a bonus	to resolve, to decompose	to split up, to divide	secrete	clearly demarcated
un bonus	*résoudre*	*diviser*	*sécréter*	*profilé*

#3006 HSK6	#3007 HSK6	#3008 HSK6	#3009 HSK6	#3010 HSK6
分歧	分散	吩咐	坟墓	粉末
fēn qí	fēn sàn	fēn fù	fén mù	fēn mò
difference, bifurcation	scatter, disperse, distribute	to tell, to instruct, to command	sepulcher, tomb	fine powder, dust
différence	*dispersion*	*dire*	*sépulcre*	*poussière*

#3011 HSK6	#3012 HSK6	#3013 HSK6	#3014 HSK6	#3015 HSK6
粉色	粉碎	分量	愤怒	丰满
fēn sè	fēn suì	fèn liàng	fèn nù	fēng mǎn
white, light pink, erotic	crash, break up	weight, measure	angry, indignant	plentiful, rich, plump
érotique	*crash*	*poids*	*en colère*	*copieux*

#3016 HSK6	#3017 HSK6	#3018 HSK6	#3019 HSK6	#3020 HSK6
丰盛	丰收	封闭	封建	封锁
fēng shèng	fēng shōu	fēng bì	fēng jiàn	fēng suǒ
rich, sumptuous	bumper harvest	to seal, to close, to confine	system of enfeoffment	to blockade, to seal off
somptueux	*récolte*	*à sceller*	*féodalisme*	*bloquer*

#3021 HSK6	#3022 HSK6	#3023 HSK6	#3024 HSK6	#3025 HSK6
锋利	风暴	风度	风光	风气
fēng lì	fēng bào	fēng dù	fēng guāng	fēng qì
sharp (e.g. knife blade)	storm, violent commotion	elegance (for men), poise	scene, view, sight, landscape	general mood, atmosphere
incisif	*orage*	*élégance*	*scène*	*atmosphère*

#3026 HSK6	#3027 HSK6	#3028 HSK6	#3029 HSK6	#3030 HSK6
风趣	风味	逢	奉献	否决
fēng qù	fēng wèi	féng	fèng xiàn	fǒu jué
humor, wit, humorous, witty	local flavor, local style	to meet by chance	to consecrate, to dedicate	veto, to overrule, to veto
humour	*saveur locale*	*rencontrer*	*consacrer*	*annuler*

#3031 HSK6	#3032 HSK6	#3033 HSK6	#3034 HSK6	#3035 HSK6
夫妇	夫人	敷衍	俘虏	幅度
fū fù	fū ren	fū yǎn	fú lǔ	fú dù
a (married) couple	lady, madam, Mrs., CL:位	to elaborate (on a theme)	captive	width, extent, range, scope
un couple	*Dame*	*élaborer*	*captif*	*largeur*

#3036 HSK6	#3037 HSK6	#3038 HSK6	#3039 HSK6	#3040 HSK6
服从	服气	福利	福气	符号
fú cóng	fú qì	fú lì	fú qi	fú hào
to obey (an order), to comply	to be convinced, to accept	(material) welfare, well-being	good fortune, to enjoy good fortune	symbol, mark, sign
Obéir	*accepter*	*aide sociale*	*fortune*	*symbole*

#3041 HSK6	#3042 HSK6	#3043 HSK6	#3044 HSK6	#3045 HSK6
辐射	俯视	抚摸	抚养	腐败
fú shè	fǔ shì	fǔ mō	fǔ yǎng	fǔ bài
radiation	to look down at, to overlook	to gently caress and stroke	to foster, to bring up, to raise	corruption, corrupt, rotten
radiation	négliger	caresser	favoriser	la corruption

#3046 HSK6	#3047 HSK6	#3048 HSK6	#3049 HSK6	#3050 HSK6
腐烂	腐蚀	腐朽	辅助	副
fǔ làn	fǔ shí	fǔ xiǔ	fǔ zhù	fù
to rot, to become gangrenous	corrosion, to rot	rotten, decayed, decadent	to assist, to aid, supplementary	secondary, auxiliary, deputy
pourrir	corrosion	pourri	aider	secondaire

#3051 HSK6	#3052 HSK6	#3053 HSK6	#3054 HSK6	#3055 HSK6
复活	复兴	富裕	腹泻	覆盖
fù huó	fù xīng	fù yù	fù xiè	fù gài
to bring back to life, to revive	to revive, rebirth	abundant, affluent, richness	diarrhea, to have the runs	to cover
faire revivre	Renaissance	abondant	la diarrhée	couvrir

#3056 HSK6	#3057 HSK6	#3058 HSK6	#3059 HSK6	#3060 HSK6
负担	赋予	附和	附件	附属
fù dān	fù yǔ	fù hè	fù jiàn	fù shǔ
burden, to bear a burden	to assign, to entrust (a task)	to parrot, to crib	enclosure, attachment (email)	subsidiary, auxiliary, attached
fardeau	assigner	au perroquet	enceinte	filiale

#3061 HSK6	#3062 HSK6	#3063 HSK6	#3064 HSK6	#3065 HSK6
改良	盖章	钙	尴尬	干旱
gǎi liáng	gài zhāng	gài	gān gà	gān hàn
improve	to affix a seal (to sth)	calcium (chemistry),	awkward, embarrassed	drought, arid, dry
améliorer	*apposer*	*calcium*	*gênant*	*sécheresse*

#3066 HSK6	#3067 HSK6	#3068 HSK6	#3069 HSK6	#3070 HSK6
干扰	干涉	干预	感慨	感染
gān rǎo	gān shè	gān yù	gǎn kǎi	gǎn rǎn
to interfere, obstruction	to interfere, to meddle	to meddle, to intervene	lament, with a tinge of emotion	infection, to infect, to influence
interférer	*ingérence*	*se mêler*	*complainte*	*infection*

#3071 HSK6	#3072 HSK6	#3073 HSK6	#3074 HSK6	#3075 HSK6
干劲	纲领	岗位	港口	港湾
gàn jìn	gāng lǐng	gǎng wèi	gǎng kǒu	gǎng wān
enthusiasm for doing sth	program, guiding principle	a post, a job	port, harbor	natural harbor
enthousiasme	*programme*	*une publication*	*port*	*baie*

#3076 HSK6	#3077 HSK6	#3078 HSK6	#3079 HSK6	#3080 HSK6
杠杆	高超	高潮	高峰	高明
gàng gǎn	gāo chāo	gāo cháo	gāo fēng	gāo míng
lever, pry bar, crowbar	excellent, superlative	high tide, high water, upsurge	peak, summit, height	wise, brilliant, superior
levier	*excellent*	*recrudescence*	*sommet*	*brillant*

#3081 HSK6	#3082 HSK6	#3083 HSK6	#3084 HSK6	#3085 HSK6
高尚	高涨	稿件	告辞	告诫
gāo shàng	gāo zhǎng	gǎo jiàn	gào cí	gào jiè
nobly, lofty	upsurge, (tensions etc) run high	material contributing to document	to take leave	to warn, to admonish
noblement	*recrudescence*	*brouillon*	*prendre congé*	*avertir*

#3086 HSK6	#3087 HSK6	#3088 HSK6	#3089 HSK6	#3090 HSK6
割	搁	歌颂	疙瘩	鸽子
gē	gē	gē sòng	gē da	gē zi
to cut, to cut apart	to place, to put aside, to shelve	sing the praises of, extol	swelling or lump on skin	pigeon, dove
couper	*ranger*	*faire l'éloge*	*gonflement*	*Pigeon*

#3091 HSK6	#3092 HSK6	#3093 HSK6	#3094 HSK6	#3095 HSK6
格局	格式	隔阂	隔离	革命
gé jú	gé shì	gé hé	gé lí	gé mìng
structure, pattern, layout	form, specification, format	estrangement	to separate, to isolate	revolution, revolutionary
structure	*format*	*éloignement*	*séparer*	*révolution*

#3096 HSK6	#3097 HSK6	#3098 HSK6	#3099 HSK6	#3100 HSK6
个体	根深蒂固	根源	跟前	跟随
gè tǐ	gēn shēn dì gù	gēn yuán	gēn qián	gēn suí
individual	deep-rooted (problem etc)	origin, root (cause)	in front of, close to, nearby	to follow
individuel	*profondément enraciné*	*origine*	*proche*	*suivre*

#3101 HSK6	#3102 HSK6	#3103 HSK6	#3104 HSK6	#3105 HSK6
跟踪	更新	更正	耕地	供给
gēn zōng	gēng xīn	gēng zhèng	gēng dì	gōng jǐ
to follow sb's tracks, to tail	to replace the old with new	to correct, to make a correction	arable land, to plow land	to furnish, to provide
obscurcir	*à rénover*	*corriger*	*terres arables*	*fournir*

#3106 HSK6	#3107 HSK6	#3108 HSK6	#3109 HSK6	#3110 HSK6
公安局	公道	公告	公关	公民
gōng ān jú	gōng dào	gōng gào	gōng guān	gōng mín
Public Security Bureau	justice, fairness, public highway	post, announcement	public relations	citizen
Bureau de la sécurité publique	*Justice*	*annonce*	*relations publiques*	*citoyenne*

#3111 HSK6	#3112 HSK6	#3113 HSK6	#3114 HSK6	#3115 HSK6
公然	公认	公式	公务	公正
gōng rán	gōng rèn	gōng shì	gōng wù	gōng zhèng
openly, publicly, undisguised	publicly known (to be)	formula	official business	just, fair, equitable
publiquement	*accepté*	*formule*	*Affaires officielles*	*équitable*

#3116 HSK6	#3117 HSK6	#3118 HSK6	#3119 HSK6	#3120 HSK6
公证	功劳	功效	宫殿	工艺品
gōng zhèng	gōng láo	gōng xiào	gōng diàn	gōng yì pǐn
notarization, notarized	contribution, meritorious service	efficacy	palace, CL:座	handicraft article, handiwork, CL:个
notarisation	*contribution*	*efficacité*	*palais*	*ouvrage*

#3121 HSK6	#3122 HSK6	#3123 HSK6	#3124 HSK6	#3125 HSK6
恭敬	攻击	攻克	巩固	共和国
gōng jìng	gōng jī	gōng kè	gǒng gù	gòng hé guó
deferential, with respect	to attack, to accuse, to charge	to capture, to take	to consolidate	republic
respectueux	attaquer	capturer	consolider	république

#3126 HSK6	#3127 HSK6	#3128 HSK6	#3129 HSK6	#3130 HSK6
共计	共鸣	勾结	钩子	构思
gòng jì	gòng míng	gōu jié	gōu zi	gòu sī
to sum up to, to total	physical resonance	to collude with	hook	to outline a story
au total	résonance physique	collaborer	crochet	à contour

#3131 HSK6	#3132 HSK6	#3133 HSK6	#3134 HSK6	#3135 HSK6
姑且	孤独	孤立	辜负	古董
gū qiě	gū dú	gū lì	gū fù	gǔ dǒng
temporarily, the time being	lonely, solitary	isolate, isolated	to fail to live up	curio, antique
temporairement	solitaire	isoler	indigne	antique

#3136 HSK6	#3137 HSK6	#3138 HSK6	#3139 HSK6	#3140 HSK6
古怪	股东	股份	骨干	鼓动
gǔ guài	gǔ dōng	gǔ fèn	gǔ gàn	gǔ dòng
eccentric, grotesque, oddly, queer	shareholder, stockholder	a share (in a company), stock	diaphysis (long segment of a bone)	to agitate, to arouse
excentrique	actionnaire	un partage	diaphyse	agiter

#3141 HSK6	#3142 HSK6	#3143 HSK6	#3144 HSK6	#3145 HSK6
固然	固体	固有	固执	故乡
gù rán	gù tǐ	gù yǒu	gù zhi	gù xiāng
admittedly (it's true that...)	solid	intrinsic to sth, inherent, native	persistent, stubborn	home, homeland, native place, CL:个
certes	*solide*	*originaire de*	*persistant*	*patrie*

#3146 HSK6	#3147 HSK6	#3148 HSK6	#3149 HSK6	#3150 HSK6
故障	雇佣	顾虑	顾问	拐杖
gù zhàng	gù yōng	gù lv4	gù wèn	guǎi zhàng
malfunction, breakdown, defect	to employ, to hire	misgivings, apprehensions	adviser, consultant	crutches, crutch, walking stick
mauvais fonctionnement	*employer*	*réticences*	*conseiller*	*béquilles*

#3151 HSK6	#3152 HSK6	#3153 HSK6	#3154 HSK6	#3155 HSK6
关怀	关照	官方	观光	管辖
guān huái	guān zhào	guān fāng	guān guāng	guǎn xiá
solicitude, to show care for	to take care, to keep an eye on	official, (by the) government	to tour, sightseeing, tourism	to administer
sollicitude	*Prendre soin*	*gouvernement*	*voyager*	*administrer*

#3156 HSK6	#3157 HSK6	#3158 HSK6	#3159 HSK6	#3160 HSK6
惯例	灌溉	罐	贯彻	光彩
guàn lì	guàn gài	guàn	guàn chè	guāng cǎi
conventional	to irrigate	can, jar, pot	to implement, to carry out	luster, splendor, radiance
conventionnel	*irriguer*	*pot*	*implémenter*	*lustre*

#3161 HSK6	#3162 HSK6	#3163 HSK6	#3164 HSK6	#3165 HSK6
光辉	光芒	光荣	广阔	归根到底
guāng huī	guāng máng	guāng róng	guǎng kuò	guī gēn dào dǐ
radiance, glory, brilliant	rays of light, brilliant rays	honor and glory, CL:个	wide, vast	(saying) to sum it up...
éclat	*éclat*	*honneur*	*large*	*résumer*

#3166 HSK6	#3167 HSK6	#3168 HSK6	#3169 HSK6	#3170 HSK6
归还	规范	规格	规划	规章
guī huán	guī fàn	guī gé	guī huà	guī zhāng
to return sth, to revert	norm, standard, specification	standard, norm, specification	plan, program	rule, regulation
rendre	*la norme*	*spécification*	*programme*	*régulation*

#3171 HSK6	#3172 HSK6	#3173 HSK6	#3174 HSK6	#3175 HSK6
轨道	贵族	跪	棍棒	国防
guǐ dào	guì zú	guì	gùn bàng	guó fáng
orbit, railway or tram line	lord, nobility, nobleman	kneel	club	national defense
orbite	*la noblesse*	*s'agenouiller*	*club*	*défense nationale*

#3176 HSK6	#3177 HSK6	#3178 HSK6	#3179 HSK6	#3180 HSK6
国务院	果断	过度	过渡	过奖
guó wù yuàn	guǒ duàn	guò dù	guò dù	guò jiǎng
State Council (PRC)	firm, decisive	excessive, over, extravagant	to cross over (by ferry)	to over-praise, to flatter
Conseil d'État	*décisif*	*excessif*	*transition*	*flatter*

#3181 HSK6	#3182 HSK6	#3183 HSK6	#3184 HSK6	#3185 HSK6
过滤	过失	过问	过瘾	过于
guò lv4	guò shī	guò wèn	guò yǐn	guò yú
to filter, filter	defect, fault	to show an interest in	to satisfy a craving	too much, excessively
à filtrer	faute	être impliqué	gratifiant	excessivement

#3186 HSK6	#3187 HSK6	#3188 HSK6	#3189 HSK6	#3190 HSK6
海拔	海滨	含糊	含义	罕见
hǎi bá	hǎi bīn	hán hu	hán yì	hǎn jiàn
height above sea level, elevation	shore, seaside	ambiguous, vague	meaning (implicit in a phrase)	rare, rarely seen
élévation	rive	ambigu	sens	rare

#3191 HSK6	#3192 HSK6	#3193 HSK6	#3194 HSK6	#3195 HSK6
捍卫	航空	航天	航行	行列
hàn wèi	háng kōng	háng tiān	háng xíng	háng liè
defend, uphold, safeguard	aviation	space flight	to sail, to fly, to navigate	procession
défendre	aviation	vol spatial	naviguer	procession

#3196 HSK6	#3197 HSK6	#3198 HSK6	#3199 HSK6	#3200 HSK6
毫米	毫无	豪迈	号召	耗费
háo mǐ	háo wú	háo mài	hào zhào	hào fèi
millimeter	not in the leas	bold, open-minded, heroic	to call, to appeal	to waste, to spend, to consume
millimètre	aucun	audacieux	faire appel	gaspiller

#3201 HSK6	#3202 HSK6	#3203 HSK6	#3204 HSK6	#3205 HSK6
呵	合并	合成	合伙	合算
hē	hé bìng	hé chéng	hé huǒ	hé suàn
to scold in a loud voice, to yawn	to merge, to annex	to compose, to constitute	to act jointly	worthwhile, be a good deal
bailler	*fusionner*	*composer*	*agir conjointement*	*digne d'intérêt*

#3206 HSK6	#3207 HSK6	#3208 HSK6	#3209 HSK6	#3210 HSK6
和蔼	和解	和睦	和气	和谐
hé ǎi	hé jiě	hé mù	hé qi	hé xié
kindly, nice, amiable	to settle	peaceful relations, harmonious	friendly, polite, amiable	harmonious
agréable	*réconcilier*	*harmonieux*	*amical*	*harmonieux*

#3211 HSK6	#3212 HSK6	#3213 HSK6	#3214 HSK6	#3215 HSK6
嘿	痕迹	狠心	哼	横
hēi	hén jì	hěn xīn	hēng	héng
hey	vestige, mark, trace	callous, heartless	to groan, to snort, to hum	horizontal, across
Hey	*vestige*	*insensible*	*gémir*	*horizontal*

#3216 HSK6	#3217 HSK6	#3218 HSK6	#3219 HSK6	#3220 HSK6
哄	烘	轰动	宏观	宏伟
hōng	hōng	hōng dòng	hóng guān	hóng wěi
roar of laughter (onomatopoeia)	to bake, to heat by fire	sensation, stir	macro-, macroscopic, holistic	grand, imposing, magnificent
rugir	*cuire*	*sensation*	*holistique*	*magnifique*

#3221 HSK6	#3222 HSK6	#3223 HSK6	#3224 HSK6	#3225 HSK6
洪水	喉咙	吼	候选	后代
hóng shuǐ	hóu lóng	hǒu	hòu xuǎn	hòu dài
deluge, flood	throat, larynx	roar or howl of an animal	candidate	posterity, later periods
inonder	*larynx*	*rugir*	*candidat*	*postérité*

#3226 HSK6	#3227 HSK6	#3228 HSK6	#3229 HSK6	#3230 HSK6
后勤	呼唤	呼啸	呼吁	忽略
hòu qín	hū huàn	hū xiào	hū yù	hū lvè
logistics	to call out (a name etc), to shout	to whistle, to scream, to whiz	to call on (sb to do sth)	to neglect, to overlook, to ignore
logistique	*crier*	*siffler*	*un appel*	*négliger*

#3231 HSK6	#3232 HSK6	#3233 HSK6	#3234 HSK6	#3235 HSK6
湖泊	胡乱	胡须	花瓣	花蕾
hú pō	hú luàn	hú xū	huā bàn	huā lěi
lake	careless, reckless, casually	beard, CL:根,绺	petal, CL:片,	bud, flower bud,
Lac	*négligent*	*barbe*	*pétale*	*bourgeon floral*

#3236 HSK6	#3237 HSK6	#3238 HSK6	#3239 HSK6	#3240 HSK6
华丽	华侨	划分	化肥	化石
huá lì	huá qiáo	huà fēn	huà féi	huà shí
gorgeous	overseas Chinese, CL:个,位	to divide	fertilizer	fossil
magnifique	*chinois d'outre-mer*	*diviser*	*engrais*	*fossile*

#3241 HSK6	#3242 HSK6	#3243 HSK6	#3244 HSK6	#3245 HSK6
化验	化妆	画蛇添足	话筒	欢乐
huà yàn	huà zhuāng	huà shé tiān zú	huà tǒng	huān lè
laboratory test, assay	to put on make-up	lit. draw legs on a snake (idiom)	microphone	gaiety, gladness, glee, merriment
essai	maquillage	exagérer	microphone	gaieté

#3246 HSK6	#3247 HSK6	#3248 HSK6	#3249 HSK6	#3250 HSK6
环节	还原	缓和	患者	荒凉
huán jié	huán yuán	huǎn hé	huàn zhě	huāng liáng
round segment, segment	to restore to the original state	to ease (tension), to alleviate	patient, sufferer	desolate
segment	réduction	apaiser	patient	désolé

#3251 HSK6	#3252 HSK6	#3253 HSK6	#3254 HSK6	#3255 HSK6
荒谬	荒唐	皇帝	皇后	黄昏
huāng miù	huāng táng	huáng dì	huáng hòu	huáng hūn
absurd, ridiculous	beyond belief, preposterous	emperor, CL:个	empress, imperial consort	dusk, evening, nightfall
ridicule	intempérant	empereur	impératrice	crépuscule

#3256 HSK6	#3257 HSK6	#3258 HSK6	#3259 HSK6	#3260 HSK6
恍然大悟	晃	挥霍	辉煌	回报
huǎng rán dà wù	huàng	huī huò	huī huáng	huí bào
to suddenly realize	to sway, to shake, to wander about,	to squander money	splendid, glorious	(in) return, reciprocation
prendre conscience de	Balançer	extravagant	splendide	réciprocité

#3261 HSK6	#3262 HSK6	#3263 HSK6	#3264 HSK6	#3265 HSK6
回避	回顾	回收	悔恨	毁灭
huí bì	huí gù	huí shōu	huǐ hèn	huǐ miè
to evade, to shun, to avoid	to look back, to review	to recycle, to reclaim	remorse, repentance	perish, ruin, destroy
s'évader	réviser	recycler	remords	détruire

#3266 HSK6	#3267 HSK6	#3268 HSK6	#3269 HSK6	#3270 HSK6
会晤	汇报	贿赂	昏迷	荤
huì wù	huì bào	huì lù	hūn mí	hūn
to meet, meeting, conference	to report, to give an account of	to bribe, a bribe	to lose consciousness	meat, fish
conférence	signaler	corrompre	coma	Viande

#3271 HSK6	#3272 HSK6	#3273 HSK6	#3274 HSK6	#3275 HSK6
浑身	混合	混乱	混淆	混浊
hún shēn	hùn hé	hùn luàn	hùn xiáo	hùn zhuó
all over, from head to foot	to mix, to blend	confusion, chaos, disorder	to obscure, to confuse, to mix up	turbid, muddy, dirty
partout	à mélanger	confusion	obscurcir	trouble

#3276 HSK6	#3277 HSK6	#3278 HSK6	#3279 HSK6	#3280 HSK6
活该	活力	火箭	火焰	火药
huó gāi	huó lì	huǒ jiàn	huǒ yàn	huǒ yào
deservedly, ought, should	energy, vitality, vigor	rocket, CL:枚	blaze, flame	gunpowder
devrait	énergie	fusée	flamme	poudre à canon

#3281 HSK6	#3282 HSK6	#3283 HSK6	#3284 HSK6	#3285 HSK6
货币	基地	基金	基因	机动
huò bì	jī dì	jī jīn	jī yīn	jī dòng
currency, monetary, money	base (of operations)	fund	gene (loanword)	locomotive, motorized
devise	*base*	*fonds*	*gène*	*locomotive*

#3286 HSK6	#3287 HSK6	#3288 HSK6	#3289 HSK6	#3290 HSK6
机构	机灵	机密	机械	机遇
jī gòu	jī ling	jī mì	jī xiè	jī yù
mechanism, structure, CL:所	clever, quick-witted	secret, classified (information)	machine, machinery, mechanical	opportunity, stroke of luck
mécanisme	*intelligent*	*secret*	*machine*	*opportunité*

#3291 HSK6	#3292 HSK6	#3293 HSK6	#3294 HSK6	#3295 HSK6
机智	激发	激励	激情	讥笑
jī zhì	jī fā	jī lì	jī qíng	jī xiào
quick-witted, tact, witty	to arouse, to excite	to encourage, to urge	passion, fervor, enthusiasm	to sneer
ingénieux	*éveiller*	*encourager*	*passion*	*ricaner*

#3296 HSK6	#3297 HSK6	#3298 HSK6	#3299 HSK6	#3300 HSK6
饥饿	即便	及早	吉祥	嫉妒
jī è	jí biàn	jí zǎo	jí xiáng	jí dù
hunger, starvation, famine	even if, even though	at the earliest possible time	lucky, auspicious, propitious	to be jealous, to envy, to hate
faim	*même si*	*Dès que possible*	*chanceux*	*envier*

#3301 HSK6	#3302 HSK6	#3303 HSK6	#3304 HSK6	#3305 HSK6
急剧	急切	急于求成	急躁	极端
jí jù	jí qiè	jí yú qiú chéng	jí zào	jí duān
rapid, sudden	eager, impatient	anxious for quick results (idiom)	irritable, irascible, impetuous	extreme
soudain	*désireux*	*impétueux*	*irritable*	*extrême*

#3306 HSK6	#3307 HSK6	#3308 HSK6	#3309 HSK6	#3310 HSK6
极限	疾病	籍贯	级别	集团
jí xiàn	jí bìng	jí guàn	jí bié	jí tuán
limit, extreme boundary	disease, sickness, ailment	one's native place	(military) rank, level, grade	group, bloc, corporation
limite	*maladie*	*Lieu de naissance*	*classe*	*société*

#3311 HSK6	#3312 HSK6	#3313 HSK6	#3314 HSK6	#3315 HSK6
给予	季军	季度	寂静	寄托
jǐ yǔ	jì jūn	jì dù	jì jìng	jì tuō
to accord, to give	third in a race, bronze medalist	quarter	quiet	to have sb look after sb
accorder	*médaillé de bronze*	*trimestre*	*silencieux*	*confier*

#3316 HSK6	#3317 HSK6	#3318 HSK6	#3319 HSK6	#3320 HSK6
忌讳	技巧	纪要	继承	计较
jì huì	jì qiǎo	jì yào	jì chéng	jì jiào
taboo, to avoid as taboo	skill, technique	written summary of a meeting	to inherit, to carry on, to succeed	to haggle, to bicker, to argue
tabou	*technique*	*minutes*	*Hériter*	*marchander*

#3321 HSK6	#3322 HSK6	#3323 HSK6	#3324 HSK6	#3325 HSK6
记性	记载	迹象	佳肴	加工
jì xing	jì zǎi	jì xiàng	jiā yáo	jiā gōng
memory, recall	write down, record, written account	mark, indication, sign, indicator	fine food, delicacies	to process, processing
Mémoire	*record*	*indication*	*gourmandises*	*procéder*

#3326 HSK6	#3327 HSK6	#3328 HSK6	#3329 HSK6	#3330 HSK6
加剧	夹杂	家常	家伙	家属
jiā jù	jiā zá	jiā cháng	jiā huo	jiā shǔ
to intensify, to sharpen	to mix together	the daily life of a family	household dish, implement	family member, (family) dependent
intensifier	*de se mêler*	*la vie quotidienne*	*plat de ménage*	*membre de la famille*

#3331 HSK6	#3332 HSK6	#3333 HSK6	#3334 HSK6	#3335 HSK6
家喻户晓	坚定	坚固	坚韧	坚实
jiā yù hù xiǎo	jiān dìng	jiān gù	jiān rèn	jiān shí
understood by everyone (idiom)	firm, steady, staunch, resolute	firm, firmly, hard, stable	tough and durable, tenacious	firm and substantial, solid
bien connu	*stable*	*stable*	*tenace*	*solide*

#3336 HSK6	#3337 HSK6	#3338 HSK6	#3339 HSK6	#3340 HSK6
坚硬	尖端	尖锐	煎	监督
jiān yìng	jiān duān	jiān ruì	jiān	jiān dū
hard, solid	sharp pointed end, the tip	sharp, intense	to pan fry, to sauté	to control, to supervise
difficile	*la pointe*	*pénétrant*	*faire sauter*	*contrôler*

#3341 HSK6	#3342 HSK6	#3343 HSK6	#3344 HSK6	#3345 HSK6
监视	监狱	艰难	拣	检讨
jiān shì	jiān yù	jiān nán	jiǎn	jiǎn tǎo
to monitor, to oversee	prison	difficult, hard, challenging	to choose, to pick, to sort out	to examine or inspect
surveiller	*prison*	*difficile*	*choisir*	*examiner*

#3346 HSK6	#3347 HSK6	#3348 HSK6	#3349 HSK6	#3350 HSK6
检验	简化	简陋	简体字	简要
jiǎn yàn	jiǎn huà	jiǎn lòu	jiǎn tǐ zì	jiǎn yào
to inspect, to examine, to test	simplify	simple and crude	simplified Chinese character	concise, brief
inspecter	*simplifier*	*Facile*	*caractère chinois simplifié*	*concis*

#3351 HSK6	#3352 HSK6	#3353 HSK6	#3354 HSK6	#3355 HSK6
健全	剑	溅	舰艇	见多识广
jiàn quán	jiàn	jiàn	jiàn tǐng	jiàn duō shí guǎng
robust, strong	double-edged sword	splash	warship, naval vessel	experienced and knowledgeable
robuste	*épée à double tranchant*	*éclaboussure*	*navire de guerre*	*expérimenté*

#3356 HSK6	#3357 HSK6	#3358 HSK6	#3359 HSK6	#3360 HSK6
见解	见闻	践踏	鉴别	鉴定
jiàn jiě	jiàn wén	jiàn tà	jiàn bié	jiàn dìng
opinion, view, understanding	what one sees and hears	to trample	to differentiate, to distinguish	to identify, to evaluate
opinion	*information*	*piétiner*	*à différencier*	*pour évaluer*

#3361 HSK6	#3362 HSK6	#3363 HSK6	#3364 HSK6	#3365 HSK6
鉴于	间谍	间隔	间接	僵硬
jiàn yú	jiàn dié	jiàn gé	jiàn jiē	jiāng yìng
in view of, seeing that	spy	compartment, gap, interval	indirect	stark, stiff
considérant	espion	compartiment	indirect	rigide

#3366 HSK6	#3367 HSK6	#3368 HSK6	#3369 HSK6	#3370 HSK6
将军	将近	将就	奖励	奖赏
jiāng jūn	jiāng jìn	jiāng jiù	jiǎng lì	jiǎng shǎng
(Military) admiral, to embarrass	almost, nearly, close to	to accept (a bit reluctantly)	reward (as encouragement)	reward, prize, an award
embarrasser	presque	accepter	récompense	un prix

#3371 HSK6	#3372 HSK6	#3373 HSK6	#3374 HSK6	#3375 HSK6
桨	降临	交叉	交代	交涉
jiǎng	jiàng lín	jiāo chā	jiāo dài	jiāo shè
oar, paddle	to descend to	to cross, to intersect	to hand over, to explain	to negotiate, relating to
pagayer	descendre	croiser	expliquer	concernant

#3376 HSK6	#3377 HSK6	#3378 HSK6	#3379 HSK6	#3380 HSK6
交易	娇气	焦点	焦急	侥幸
jiāo yì	jiāo qì	jiāo diǎn	jiāo jí	jiǎo xìng
(business) transaction	delicate, squeamish, finicky	focus, focal point	anxiety, anxious	luckily, by a fluke,
transaction	délicat	concentrer	anxiété	Heureusement

#3381 HSK6	#3382 HSK6	#3383 HSK6	#3384 HSK6	#3385 HSK6
搅拌	缴纳	角落	教养	较量
jiǎo bàn	jiǎo nà	jiǎo luò	jiào yǎng	jiào liàng
to stir, to agitate	to pay (taxes etc)	nook, corner	to train, to educate, to bring up	to have a contest with sb
agiter	*payer*	*coin*	*entraîner*	*concours*

#3386 HSK6	#3387 HSK6	#3388 HSK6	#3389 HSK6	#3390 HSK6
接连	揭露	皆	阶层	截止
jiē lián	jiē lù	jiē	jiē céng	jié zhǐ
on end, in a row, in succession	to expose, to unmask	all, each and every, in all cases	hierarchy, stratum	to stop, to close
successivement	*à exposer*	*tout*	*strate*	*arrêter*

#3391 HSK6	#3392 HSK6	#3393 HSK6	#3394 HSK6	#3395 HSK6
截至	杰出	竭尽全力	结晶	结局
jié zhì	jié chū	jié jìn quán lì	jié jīng	jié jú
up to (a time), by (a time)	outstanding, distinguished	to spare no effort (idiom)	crystallization, crystalline	conclusion, ending
Jusqu'à	*exceptionnel*	*maximum*	*cristallisation*	*conclusion*

#3396 HSK6	#3397 HSK6	#3398 HSK6	#3399 HSK6	#3400 HSK6
结算	节制	节奏	解除	解放
jié suàn	jié zhì	jié zòu	jiě chú	jiě fàng
to settle a bill	to control, to restrict	rhythm, tempo, musical pulse	to remove, to sack, to get rid of	to liberate, to emancipate
fermer un compte	*contrôller*	*rythme*	*retirer*	*Libérer*

#3401 HSK6	#3402 HSK6	#3403 HSK6	#3404 HSK6	#3405 HSK6
解雇	解剖	解散	解体	借鉴
jiě gù	jiě pōu	jiě sàn	jiě tǐ	jiè jiàn
to fire, to sack, to dismiss	to dissect (an animal), to analyze	dissolve, disband	to break up into components	to use other people's experience
tirer	*disséquer*	*dissoudre*	*se désintégrer*	*expérience*

#3406 HSK6	#3407 HSK6	#3408 HSK6	#3409 HSK6	#3410 HSK6
借助	戒备	界限	金融	紧迫
jiè zhù	jiè bèi	jiè xiàn	jīn róng	jǐn pò
to draw support from	to take precautions	boundary, marginal	banking, finance, financial	pressing, urgent
soutien	*garder*	*frontière*	*bancaire*	*urgent*

#3411 HSK6	#3412 HSK6	#3413 HSK6	#3414 HSK6	#3415 HSK6
晋升	浸泡	近来	进而	进攻
jìn shēng	jìn pào	jìn lái	jìn ér	jìn gōng
to promote to a higher position	to steep, to soak, to immerse	recently, lately	and then (what follows next)	to attack, to assault
promouvoir	*à raide*	*récemment*	*puis*	*attaquer*

#3416 HSK6	#3417 HSK6	#3418 HSK6	#3419 HSK6	#3420 HSK6
进化	进展	兢兢业业	惊动	惊奇
jìn huà	jìn zhǎn	jīng jīng yè yè	jīng dòng	jīng qí
evolution, CL:个	to make headway, to make progress	cautious and conscientious	alarm, alert, disturb	to be amazed, to be surprised
évolution	*le progrès*	*prudent*	*alarme*	*se demander*

#3421 HSK6	#3422 HSK6	#3423 HSK6	#3424 HSK6	#3425 HSK6
惊讶	精打细算	精华	精简	精密
jīng yà	jīng dǎ xì suàn	jīng huá	jīng jiǎn	jīng mì
amazed, astonished, to surprise	(saying) meticulous planning	best feature	to simplify, to reduce	accuracy, exact, precise, refined
étonné	*Planification*	*important*	*simplifier*	*précision*
#3426 HSK6	#3427 HSK6	#3428 HSK6	#3429 HSK6	#3430 HSK6
精确	精通	精心	精致	经费
jīng què	jīng tōng	jīng xīn	jīng zhì	jīng fèi
accurate, precise	proficient	with utmost care, fine	delicate, fine, exquisite, refined	funds, expenditure, CL:笔
précis	*compétent*	*méticuleux*	*délicat*	*fonds*
#3431 HSK6	#3432 HSK6	#3433 HSK6	#3434 HSK6	#3435 HSK6
茎	井	警告	警惕	颈椎
jīng	jǐng	jǐng gào	jǐng tì	jǐng zhuī
stalk, stem, CL:条	warn, well	to warn, to admonish	to be on the alert, vigilant	cervical vertebra
tige	*prévenir*	*admonester*	*vigilant*	*les vertèbres cervicales*
#3436 HSK6	#3437 HSK6	#3438 HSK6	#3439 HSK6	#3440 HSK6
境界	敬礼	敬业	竞赛	竞选
jìng jiè	jìng lǐ	jìng yè	jìng sài	jìng xuǎn
boundary, state, realm	salute	to respect one's work	race, competition, CL:个	to take part in an election
frontière	*saluer*	*le respect*	*compétition*	*élection*

#3441 HSK6	#3442 HSK6	#3443 HSK6	#3444 HSK6	#3445 HSK6
镜头	纠纷	纠正	酒精	就近
jìng tóu	jiū fēn	jiū zhèng	jiǔ jīng	jiù jìn
camera shot (in a movie etc), scene	a dispute, entanglement (law)	to correct, to make right	alcohol, ethanol CH3CH2OH	nearby, in a close neighborhood
scène	*une dispute*	*corriger*	*de l'alcool*	*proche*

#3446 HSK6	#3447 HSK6	#3448 HSK6	#3449 HSK6	#3450 HSK6
就业	救济	居民	居住	拘留
jiù yè	jiù jì	jū mín	jū zhù	jū liú
looking for employment	to help the needy with cash	resident, inhabitant	to reside, to dwell	to detain (a prisoner)
carrière	*secours d'urgence*	*habitant*	*habiter*	*détenir*

#3451 HSK6	#3452 HSK6	#3453 HSK6	#3454 HSK6	#3455 HSK6
拘束	鞠躬	局部	局面	局势
jū shù	jū gōng	jú bù	jú miàn	jú shì
to restrict, to restrain	to bow	part, local	aspect, phase, situation	situation, state (of affairs)
restreindre	*s'incliner*	*local*	*aspect*	*situation*

#3456 HSK6	#3457 HSK6	#3458 HSK6	#3459 HSK6	#3460 HSK6
局限	举动	举世瞩目	咀嚼	沮丧
jú xiàn	jǔ dòng	jǔ shì zhǔ mù	jǔ jué	jǔ sàng
limit	act, action, activity, move	attract worldwide attention	to chew	dispirited, dejected, dismayed
limite	*acte*	*attention*	*mâcher*	*découragé*

#3461 HSK6	#3462 HSK6	#3463 HSK6	#3464 HSK6	#3465 HSK6
剧本	剧烈	据悉	聚精会神	卷
jù běn	jù liè	jù xī	jù jīng huì shén	juǎn
script for play, opera	violent, acute, severe, fierce	according to reports	to concentrate one's attention	to roll up
scénario	violent	rapports	se concentrer	enrouler

#3466 HSK6	#3467 HSK6	#3468 HSK6	#3469 HSK6	#3470 HSK6
倔强	决策	绝望	觉悟	觉醒
jué jiàng	jué cè	jué wàng	jué wù	jué xǐng
stubborn, obstinate, unbending,	strategic decision	desperation, forlorn, hopeless	consciousness, awareness	to awaken, to come to realize
têtu	décision stratégique	désespoir	la conscience	réveiller

#3471 HSK6	#3472 HSK6	#3473 HSK6	#3474 HSK6	#3475 HSK6
军队	君子	卡通	开采	开除
jūn duì	jūn zǐ	kǎ tōng	kāi cǎi	kāi chú
army troops, CL:支,个	nobleman	cartoon	to extract	to expel
troupes de l'armée	noble	dessin animé	extraire	expulser

#3476 HSK6	#3477 HSK6	#3478 HSK6	#3479 HSK6	#3480 HSK6
开阔	开朗	开明	开辟	开拓
kāi kuò	kāi lǎng	kāi míng	kāi pì	kāi tuò
wide, open (spaces), to open up	open and clear, to open out	enlightened, open-minded	to open up, to set up, to start	to break new ground
large	spacieux	éclairé	construire	s'ouvrir

#3481 HSK6	#3482 HSK6	#3483 HSK6	#3484 HSK6	#3485 HSK6
开展	开支	刊登	刊物	勘探
kāi zhǎn	kāi zhī	kān dēng	kān wù	kān tàn
(begin to) develop, unfold	expenditures, pay, expenses	to carry a story, to publish	publication	exploration
développer	*dépenses*	*de publier*	*publication*	*exploration*

#3486 HSK6	#3487 HSK6	#3488 HSK6	#3489 HSK6	#3490 HSK6
侃侃而谈	砍伐	看待	慷慨	抗议
kǎn kǎn ér tán	kǎn fá	kàn dài	kāng kǎi	kàng yì
to speak frankly with assurance,	to hew, to cut down	to look upon, to regard	vehement, fervent, generous	protest
franchement	*tailler*	*pour ce qui concerne*	*véhément*	*manifestation*

#3491 HSK6	#3492 HSK6	#3493 HSK6	#3494 HSK6	#3495 HSK6
考察	考古	考核	考验	靠拢
kǎo chá	kǎo gǔ	kǎo hé	kǎo yàn	kào lǒng
to observe and study	archaeology	to examine, to check up on	to test, to put to the test	to draw close to
observer	*archéologie*	*examiner*	*tester*	*se rapprocher de*

#3496 HSK6	#3497 HSK6	#3498 HSK6	#3499 HSK6	#3500 HSK6
磕	科目	可观	可口	可恶
kē	kē mù	kě guān	kě kǒu	kě wù
to tap, knock	subject	considerable	tasty, to taste good	repulsive, vile, hateful
taper	*matière*	*considérable*	*savoureux*	*repoussant*

#3501 HSK6	#3502 HSK6	#3503 HSK6	#3504 HSK6	#3505 HSK6
可行	渴望	克制	刻不容缓	客户
kě xíng	kě wàng	kè zhì	kè bù róng huǎn	kè hù
feasible	to thirst for, to long for	to restrain, to control	to brook no delay	client, customer
réalisable	*avoir soif*	*à restreindre*	*demander*	*client*

#3506 HSK6	#3507 HSK6	#3508 HSK6	#3509 HSK6	#3510 HSK6
课题	啃	恳切	坑	空洞
kè tí	kěn	kěn qiè	kēng	kōng dòng
task, problem, issue	to gnaw, to nibble, to bite	earnest, sincere	pit, to defraud	cavity, empty, vacuous
tâche	*ronger*	*sérieux*	*frauder*	*cavité*

#3511 HSK6	#3512 HSK6	#3513 HSK6	#3514 HSK6	#3515 HSK6
空想	空虚	孔	恐怖	恐吓
kōng xiǎng	kōng xū	kǒng	kǒng bù	kǒng hè
daydream, fantasy, to fantasize	hollow, emptiness, meaningless	aperture, opening, hole	terrible, frightful, terrorist	to threaten, to menace
fantaisie	*creux*	*ouverture*	*terrible*	*menacer*

#3516 HSK6	#3517 HSK6	#3518 HSK6	#3519 HSK6	#3520 HSK6
恐惧	空白	空隙	口气	口腔
kǒng jù	kòng bái	kòng xì	kǒu qì	kǒu qiāng
fear, dread, phobia	blank space	crack, gap between two objects	tone of voice, the way one speaks	oral cavity
peur	*espace vide*	*fissure*	*Ton*	*cavité buccale*

#3521 HSK6	#3522 HSK6	#3523 HSK6	#3524 HSK6	#3525 HSK6
口头	口音	扣	哭泣	枯萎
kǒu tóu	kǒu yīn	kòu	kū qì	kū wěi
oral, verbal	accent	to fasten, to button, button	to weep	to wilt, to wither, wilted
verbal	*accent*	*attacher*	*pleurer*	*énervé*

#3526 HSK6	#3527 HSK6	#3528 HSK6	#3529 HSK6	#3530 HSK6
枯燥	苦涩	挎	跨	快活
kū zào	kǔ sè	kuà	kuà	kuài huo
dry and dull, uninteresting	bitter and astringent, pained	to carry	to step across, to stride over	happy, cheerful
inintéressant	*peiné*	*porter*	*s'étendre*	*de bonne humeur*

#3531 HSK6	#3532 HSK6	#3533 HSK6	#3534 HSK6	#3535 HSK6
宽敞	宽容	款待	款式	筐
kuān chang	kuān róng	kuǎn dài	kuǎn shì	kuāng
spacious, wide	lenient, tolerant, indulgent	to entertain, to treat cordially	pattern, style, design	basket, CL:只
spacieux	*tolérant*	*distraire*	*modèle*	*panier*

#3536 HSK6	#3537 HSK6	#3538 HSK6	#3539 HSK6	#3540 HSK6
况且	框架	矿产	亏待	亏损
kuàng qiě	kuàng jià	kuàng chǎn	kuī dài	kuī sǔn
moreover, besides, in addition	frame, framework, fig. pattern	minerals	to treat sb unfairly	deficit, (financial) loss
en outre	*Cadre*	*minéraux*	*traiter*	*déficit*

#3541 HSK6	#3542 HSK6	#3543 HSK6	#3544 HSK6	#3545 HSK6
捆绑 kǔn bǎng to bind *lier*	扩充 kuò chōng to expand *étendre*	扩散 kuò sàn to spread, to proliferate *se propager*	扩张 kuò zhāng expansion, dilation, to expand *expansion*	喇叭 lǎ ba horn *klaxon*

#3546 HSK6	#3547 HSK6	#3548 HSK6	#3549 HSK6	#3550 HSK6
蜡烛 là zhú candle, CL:根,支 *bougie*	来历 lái lì history, antecedents, origin *histoire*	来源 lái yuán source (of information etc), origin *origine*	栏目 lán mù a column *une colonne*	懒惰 lǎn duò idle, lazy *tourner au ralenti*

#3551 HSK6	#3552 HSK6	#3553 HSK6	#3554 HSK6	#3555 HSK6
狼狈 láng bèi in a difficult situation *situation difficile*	狼吞虎咽 láng tūn hǔ yàn to devour ravenously *Dévorer*	捞 lāo to fish up, to dredge up *draguer*	唠叨 láo dao to prattle, to chatter, talkative *bavarder*	牢固 láo gù firm, secure *sécurise*

#3556 HSK6	#3557 HSK6	#3558 HSK6	#3559 HSK6	#3560 HSK6
牢骚 láo sāo discontent, complaint *mécontentement*	乐趣 lè qù delight, pleasure, joy *délice*	乐意 lè yì to be willing to do sth *être disposé*	雷达 léi dá radar (loanword) *radar*	类似 lèi sì similar, analogous *analogue*

#3561 HSK6	#3562 HSK6	#3563 HSK6	#3564 HSK6	#3565 HSK6
冷酷	冷落	冷却	愣	黎明
lěng kù	lěng luò	lěng què	lèng	lí míng
grim, unfeeling, callous	desolate, unfrequented	to cool off, cooling	to look distracted	dawn, daybreak
sinistre	*désolé*	*refroidissement*	*distraits*	*Aube*

#3566 HSK6	#3567 HSK6	#3568 HSK6	#3569 HSK6	#3570 HSK6
理睬	理智	礼节	里程碑	例外
lǐ cǎi	lǐ zhì	lǐ jié	lǐ chéng bēi	lì wài
to heed, to pay attention to	reason, intellect, rationality	etiquette	milestone	(make an) exception
tenir compte	*raison*	*étiquette*	*Étape importante*	*exception*

#3571 HSK6	#3572 HSK6	#3573 HSK6	#3574 HSK6	#3575 HSK6
利害	力求	力争	历代	历来
lì hài	lì qiú	lì zhēng	lì dài	lì lái
pros and cons	to make every effort to	to work hard for	successive generations	always, throughout
avantages et inconvénients	*s'efforcer*	*travailler dur*	*dynasties successives*	*toujours*

#3576 HSK6	#3577 HSK6	#3578 HSK6	#3579 HSK6	#3580 HSK6
立场	立方	立交桥	立体	立足
lì chǎng	lì fāng	lì jiāo qiáo	lì tǐ	lì zú
position, standpoint, CL:个	cube	overpass, flyover	three-dimensional, solid	to stand, to have a footing
position	*cube*	*survol*	*stéréoscopique*	*se tenir*

#3581 HSK6	#3582 HSK6	#3583 HSK6	#3584 HSK6	#3585 HSK6
粒	廉洁	联欢	联络	联盟
lì	lián jié	lián huān	lián luò	lián méng
grain, granule	honest, not coercive, honesly	have a get-together	communication, to contact	alliance, union, coalition
grain	*honnête*	*se réunir*	*la communication*	*Alliance*

#3586 HSK6	#3587 HSK6	#3588 HSK6	#3589 HSK6	#3590 HSK6
连年	连锁	连同	良心	晾
lián nián	lián suǒ	lián tóng	liáng xīn	liàng
successive years, over many years	chain	together with, along with	conscience	to dry in the air
années successives	*chaîne*	*de même que*	*conscience*	*sécher*

#3591 HSK6	#3592 HSK6	#3593 HSK6	#3594 HSK6	#3595 HSK6
谅解	辽阔	列举	临床	淋
liàng jiě	liáo kuò	liè jǔ	lín chuáng	lín
(reach) an understanding	vast, extensive	a list, to list, to enumerate	clinical	to drain, to drench, to drip
compréhension	*extensif*	*une liste*	*clinique*	*pour drainer*

#3596 HSK6	#3597 HSK6	#3598 HSK6	#3599 HSK6	#3600 HSK6
吝啬	伶俐	凌晨	灵感	灵魂
lìn sè	líng lì	líng chén	líng gǎn	líng hún
stingy, mean, miserly	clever, witty, intelligent	early in the morning	inspiration, insight	soul, spirit
avare	*intelligent*	*Matin*	*inspiration*	*esprit*

#3601 HSK6	#3602 HSK6	#3603 HSK6	#3604 HSK6	#3605 HSK6
灵敏 líng mǐn smart, clever, sensitive *intelligent*	零星 líng xīng fragmentary, random *fragmentaire*	领会 lǐng huì to understand, to comprehend *comprendre*	领事馆 lǐng shì guǎn consulate *Consulat*	领土 lǐng tǔ territory *territoire*
#3606 HSK6	#3607 HSK6	#3608 HSK6	#3609 HSK6	#3610 HSK6
领悟 lǐng wù to understand, to comprehend *comprendre*	领先 lǐng xiān to lead, to be in front *mener*	领袖 lǐng xiù leader, CL:个,位,名 *chef*	溜 liū to slip away, to skate *faire du skate*	流浪 liú làng to drift about, to wander *flâner*
#3611 HSK6	#3612 HSK6	#3613 HSK6	#3614 HSK6	#3615 HSK6
流露 liú lù to express *exprimer*	流氓 liú máng rogue, hoodlum, gangster *coquin*	流通 liú tōng to circulate *circuler*	留恋 liú liàn reluctant to leave *réticent*	留念 liú niàn to keep as a souvenir *se rappeler*
#3616 HSK6	#3617 HSK6	#3618 HSK6	#3619 HSK6	#3620 HSK6
留神 liú shén to take care, to be careful *faire attention*	聋哑 lóng yǎ deaf and dumb, deaf-mute *surdimutisme*	隆重 lóng zhòng grand, prosperous, ceremonious *prospère*	垄断 lǒng duàn enjoy market dominance, monopolize *monopoliser*	笼罩 lǒng zhào to envelop, to shroud *envelopper*

#3621 HSK6	#3622 HSK6	#3623 HSK6	#3624 HSK6	#3625 HSK6
搂	炉灶	轮船	轮廓	轮胎
lǒu	lú zào	lún chuán	lún kuò	lún tāi
to hold or embrace in one's arms	stove	steamship, CL:艘	an outline, silhouette	tire, pneumatic tire
embrasse	*le fourneau*	*navire à vapeur*	*silhouette*	*pneu*

#3626 HSK6	#3627 HSK6	#3628 HSK6	#3629 HSK6	#3630 HSK6
论坛	论证	啰唆	络绎不绝	落实
lùn tán	lùn zhèng	luō suo	luò yì bù jué	luò shí
forum (for discussion)	to prove a point, proof	to grumble	in an endless stream (idiom)	practical, workable, to implement
forum	*preuve*	*grommeler*	*en continu*	*pratique*

#3631 HSK6	#3632 HSK6	#3633 HSK6	#3634 HSK6	#3635 HSK6
屡次	履行	掠夺	麻痹	麻木
lv3 cì	lv3 xíng	lvè duó	má bì	má mù
repeatedly, time and again	to fulfill (one's obligations)	to plunder, to rob	paralysis, palsy, numbness	numb, insensitive, apathetic
à plusieurs reprises	*accomplir*	*piller*	*paralysie*	*engourdi*

#3636 HSK6	#3637 HSK6	#3638 HSK6	#3639 HSK6	#3640 HSK6
麻醉	码头	蚂蚁	埋伏	埋没
má zuì	mǎ tóu	mǎ yǐ	mái fú	mái mò
anesthesia, fig. to poison	dock, pier, wharf, CL:个	ant	ambush	oblivion
anesthésie	*Dock*	*fourmi*	*embuscade*	*oubli*

#3641 HSK6	#3642 HSK6	#3643 HSK6	#3644 HSK6	#3645 HSK6
埋葬 mái zàng to bury *enterrer*	脉搏 mài bó a pulse *une impulsion*	迈 mài take a step *avancez d'un pas*	埋怨 mán yuàn to complain *se plaindre*	慢性 màn xìng slow and patient, chronic (disease) *chronique*

#3646 HSK6	#3647 HSK6	#3648 HSK6	#3649 HSK6	#3650 HSK6
漫长 màn cháng very long, endless *interminable*	漫画 màn huà caricature, cartoon, Japanese manga *dessin animé*	蔓延 màn yán to extend, to spread *se propager*	忙碌 máng lù busy, bustling *animée*	盲目 máng mù blind, aimless *sans but*

#3651 HSK6	#3652 HSK6	#3653 HSK6	#3654 HSK6	#3655 HSK6
茫茫 máng máng boundless, vast and obscure *sans bornes*	茫然 máng rán ignorant *ignorant*	冒充 mào chōng to feign, to pretend to be *feindre*	冒犯 mào fàn to offend *offenser*	茂盛 mào shèng lush *luxuriant*

#3656 HSK6	#3657 HSK6	#3658 HSK6	#3659 HSK6	#3660 HSK6
媒介 méi jiè media, medium *moyen*	美观 měi guān pleasing to the eye, beautiful *artistique*	美满 měi mǎn happy, blissful *content*	美妙 měi miào beautiful, wonderful, splendid *magnifique*	萌芽 méng yá sprout, germ of a plant *germer*

#3661 HSK6	#3662 HSK6	#3663 HSK6	#3664 HSK6	#3665 HSK6
猛烈 měng liè fierce, violent (criticism etc) *féroce*	眯 mī to narrow one's eyes *faire la sieste*	弥补 mí bǔ to make up for a deficiency *pour compléter*	弥漫 mí màn to pervade, to fill the air *imprégner*	谜语 mí yǔ riddle, conundrum *énigme*

#3666 HSK6	#3667 HSK6	#3668 HSK6	#3669 HSK6	#3670 HSK6
迷惑 mí huo to puzzle, to confuse, to baffle *intriguer*	迷人 mí rén fascinating, tempting *fascinant*	迷信 mí xìn superstition *superstition*	密度 mì dù density, thickness *épaisseur*	密封 mì fēng seal up *sceller*

#3671 HSK6	#3672 HSK6	#3673 HSK6	#3674 HSK6	#3675 HSK6
棉花 mián hua cotton *coton*	免得 miǎn de so as not to, so as to avoid *éviter*	免疫 miǎn yì immunity (to disease) *immunité*	勉励 miǎn lì to encourage *encourager*	勉强 miǎn qiǎng to do with difficulty *réticent*

#3676 HSK6	#3677 HSK6	#3678 HSK6	#3679 HSK6	#3680 HSK6
面貌 miàn mào appearance, face, features, CL:个 *apparence*	面子 miàn zi outer surface, outside, honor *à l'extérieur*	描绘 miáo huì to describe, to portray *décrire*	瞄准 miáo zhǔn to aim (a weapon at a target) *viser*	渺小 miǎo xiǎo minute, tiny, negligible *minuscule*

#3681 HSK6	#3682 HSK6	#3683 HSK6	#3684 HSK6	#3685 HSK6
藐视	灭亡	蔑视	民间	民主
miǎo shì	miè wáng	miè shì	mín jiān	mín zhǔ
to despise, to look down on,	to be destroyed	to loathe, to despise, contempt	among the people, popular	democracy
mépriser	*périr*	*détester*	*populaire*	*la démocratie*

#3686 HSK6	#3687 HSK6	#3688 HSK6	#3689 HSK6	#3690 HSK6
敏捷	敏锐	名次	名额	名誉
mǐn jié	mǐn ruì	míng cì	míng é	míng yù
nimble, quick, shrewd	keen, sharp, acute	position in a ranking of names	fixed number of people, quota	fame, reputation, honor, honorary
agile	*enthousiaste*	*classement*	*quota*	*la célébrité*

#3691 HSK6	#3692 HSK6	#3693 HSK6	#3694 HSK6	#3695 HSK6
明明	明智	命名	摸索	摩擦
míng míng	míng zhì	mìng míng	mō suo	mó cā
obviously, plainly, definitely	sensible, wise, judicious	to give a name to, to dub	to feel about, to grope about	friction, rubbing, chafing
évidemment	*sensible*	*doubler*	*tâtonner*	*friction*

#3696 HSK6	#3697 HSK6	#3698 HSK6	#3699 HSK6	#3700 HSK6
模范	模式	模型	磨合	膜
mó fàn	mó shì	mó xíng	mó hé	mó
model, fine example	mode, method	model, mould, matrix, pattern	to break in, to wear in	membrane, film
modèle	*méthode*	*moule*	*cambrioller*	*membrane*

#3701 HSK6	#3702 HSK6	#3703 HSK6	#3704 HSK6	#3705 HSK6
魔鬼	魔术	抹杀	墨水儿	默默
mó guǐ	mó shù	mǒ shā	mò shuǐ r	mò mò
devil	magic	to erase, to cover traces	ink, CL:瓶	in silence, not speaking
diable	*la magie*	*effacer*	*encre*	*en silence*

#3706 HSK6	#3707 HSK6	#3708 HSK6	#3709 HSK6	#3710 HSK6
谋求	模样	母语	沐浴	目睹
móu qiú	mú yàng	mǔ yǔ	mù yù	mù dǔ
to seek, to strive for	look, style, appearance, CL:个	native language, mother language	to take a bath, to bathe	to witness, to see at first hand
chercher	*approximation*	*langue maternelle*	*se baigner*	*être témoin de*

#3711 HSK6	#3712 HSK6	#3713 HSK6	#3714 HSK6	#3715 HSK6
目光	拿手	纳闷儿	耐用	难得
mù guāng	ná shǒu	nà mèn r	nài yòng	nán dé
sight, vision, view, gaze, look	expert in, good at	puzzled, bewildered	durable	seldom, rare, hard to come by
vision	*expert en*	*perplexe*	*durable*	*rarement*

#3716 HSK6	#3717 HSK6	#3718 HSK6	#3719 HSK6	#3720 HSK6
难堪	难能可贵	恼火	内涵	内幕
nán kān	nán néng kě guì	nǎo huǒ	nèi hán	nèi mù
hard to take, embarrassed	rare and commendable, estimable	to get angry, irritated, to annoy	meaning, content	inside story
embarrassé	*estimable*	*irrité*	*sens*	*histoire intérieure*

#3721 HSK6	#3722 HSK6	#3723 HSK6	#3724 HSK6	#3725 HSK6
内在	能量	拟定	逆行	年度
nèi zài	néng liàng	nǐ dìng	nì xíng	nián dù
intrinsic, innate	energy, capabilities	to draw up, to draft, to formulate	to go the wrong way	year
inné	*énergie*	*rédiger*	*Fausse Route*	*année*

#3726 HSK6	#3727 HSK6	#3728 HSK6	#3729 HSK6	#3730 HSK6
捏	凝固	凝聚	凝视	拧
niē	níng gù	níng jù	níng shì	níng
to pinch (with one's fingers)	to freeze, to solidify	to condense, to coagulate	gaze	to pinch, wring
pincer	*geler*	*condenser*	*regard*	*tordre*

#3731 HSK6	#3732 HSK6	#3733 HSK6	#3734 HSK6	#3735 HSK6
宁肯	宁愿	扭转	纽扣儿	农历
nìng kěn	nìng yuàn	niǔ zhuǎn	niǔ kòu r	nóng lì
would rather..., would prefer	would rather, better	to reverse	button	the traditional Chinese calendar
préférerait	*mieux*	*inverser*	*bouton*	*le calendrier lunaire*

#3736 HSK6	#3737 HSK6	#3738 HSK6	#3739 HSK6	#3740 HSK6
浓厚	奴隶	挪	虐待	殴打
nóng hòu	nú lì	nuó	nvè dài	ōu dǎ
dense, thick (fog, clouds etc)	slave	to shift, to move	to mistreat, to maltreat	to beat up, to come to blows
dense	*bouger*	*à déplacer*	*maltraiter*	*battre*

#3741 HSK6	#3742 HSK6	#3743 HSK6	#3744 HSK6	#3745 HSK6
偶像	呕吐	徘徊	排斥	排除
ǒu xiàng	ǒu tù	pái huái	pái chì	pái chú
idol, false god	to vomit	to pace back and forth, by ext	to reject, to exclude	to eliminate, to get rid of
idole	*vomir*	*trembler*	*rejeter*	*éliminer*

#3746 HSK6	#3747 HSK6	#3748 HSK6	#3749 HSK6	#3750 HSK6
排放	排练	派别	派遣	攀登
pái fàng	pái liàn	pài bié	pài qiǎn	pān dēng
emission, discharge	to rehearse, rehearsal,	denomination, group, school	to send (on a mission), to dispatch	to climb, to pull oneself up
émission	*pour répéter*	*dénomination*	*déployer*	*escalader*

#3751 HSK6	#3752 HSK6	#3753 HSK6	#3754 HSK6	#3755 HSK6
盘旋	判决	畔	庞大	抛弃
pán xuán	pàn jué	pàn	páng dà	pāo qì
to spiral, to circle	judgment (by a court of law)	bank, field-path	huge, enormous, tremendous	discard, dump, abandon
en spirale	*jugement*	*champ-chemin*	*énorme*	*Jeter*

#3756 HSK6	#3757 HSK6	#3758 HSK6	#3759 HSK6	#3760 HSK6
泡沫	培育	配备	配偶	配套
pào mò	péi yù	pèi bèi	pèi ǒu	pèi tào
foam, (soap) bubble	to train, to breed	to allocate, to provide	consort, mate, spouse	to form a complete set, coherent
bulle	*se reproduire*	*allouer*	*épouse*	*cohérent*

#3761 HSK6	#3762 HSK6	#3763 HSK6	#3764 HSK6	#3765 HSK6
盆地	烹饪	捧	劈	批发
pén dì	pēng rèn	pěng	pī	pī fā
depression	cooking, culinary arts	to clasp, to cup the hands	to hack, to chop, to split open	wholesale, bulk trade, distribution
la dépression	*cuisine*	*serrer*	*A pirater*	*de gros*

#3766 HSK6	#3767 HSK6	#3768 HSK6	#3769 HSK6	#3770 HSK6
批判	疲惫	疲倦	皮革	屁股
pī pàn	pí bèi	pí juàn	pí gé	pì gu
criticize, CL:个	beaten, exhausted, tired	to tire, tired	leather, CL:张	buttocks, bottom, ass
critiquer	*battu*	*ennuyer*	*cuir*	*fesses*

#3771 HSK6	#3772 HSK6	#3773 HSK6	#3774 HSK6	#3775 HSK6
譬如	偏差	偏见	偏僻	偏偏
pì rú	piān chā	piān jiàn	piān pì	piān piān
for example, for instance, such as	bias, deviation	prejudice	remote, desolate, far from the city	unfortunately, against expectations
tel que	*déviation*	*préjudice*	*désolé*	*malheureusement*

#3776 HSK6	#3777 HSK6	#3778 HSK6	#3779 HSK6	#3780 HSK6
片断	片刻	漂浮	飘扬	撇
piàn duàn	piàn kè	piāo fú	piāo yáng	piē
section, fragment, segment,	short period of time, a moment	to float, to hover, superficial	wave, flutter, fly	to throw, to cast
section	*un instant*	*flotter*	*vague*	*lancer*

#3781 HSK6	#3782 HSK6	#3783 HSK6	#3784 HSK6	#3785 HSK6
拼搏	拼命	贫乏	贫困	频繁
pīn bó	pīn mìng	pín fá	pín kùn	pín fán
to struggle, to wrestle	to do one's utmost	lack, incomplete	impoverished, poverty	frequently, often
lutter	*maximum*	*incomplet*	*appauvri*	*souvent*

#3786 HSK6	#3787 HSK6	#3788 HSK6	#3789 HSK6	#3790 HSK6
频率	品尝	品德	品质	品种
pín lv4	pǐn cháng	pǐn dé	pǐn zhì	pǐn zhǒng
frequency	to taste a small amount, to sample	moral character	quality	breed, variety, CL:个
la fréquence	*échantillonner*	*caractère moral*	*qualité*	*race*

#3791 HSK6	#3792 HSK6	#3793 HSK6	#3794 HSK6	#3795 HSK6
屏幕	屏障	平凡	平面	平坦
píng mù	píng zhàng	píng fán	píng miàn	píng tǎn
screen (TV, computer or movie),	protective screen	commonplace, ordinary, mediocre	plane (flat surface), print media	level, even, smooth, flat
écran	*écran de protection*	*banal*	*surface plane*	*lisse*

#3796 HSK6	#3797 HSK6	#3798 HSK6	#3799 HSK6	#3800 HSK6
平行	平庸	平原	评估	评论
píng xíng	píng yōng	píng yuán	píng gū	píng lùn
parallel, of equal rank	mediocre, indifferent, commonplace	field, plain, CL:个	to evaluate, to assess	to comment on, to discuss
parallèle	*médiocre*	*champ*	*évaluer*	*discuter*

#3801 HSK6	#3802 HSK6	#3803 HSK6	#3804 HSK6	#3805 HSK6
坡	泼	颇	破例	迫不及待
pō	pō	pō	pò lì	pò bù jí dài
slope, CL:个	to splash, to spill	considerably, rather	to make an exception	impatient (idiom), in a hurry
pente	*éclabousser*	*considérablement*	*exception*	*se dépêcher*

#3806 HSK6	#3807 HSK6	#3808 HSK6	#3809 HSK6	#3810 HSK6
迫害	魄力	扑	铺	普及
pò hài	pò lì	pū	pū	pǔ jí
to persecute, persecution	courage, daring, boldness	to assault, to pounce	to spread, to extend	popular, to popularize
persécuter	*courage*	*à l'assaut*	*se propager*	*populaire*

#3811 HSK6	#3812 HSK6	#3813 HSK6	#3814 HSK6	#3815 HSK6
朴实	朴素	瀑布	凄凉	期望
pǔ shí	pǔ sù	pù bù	qī liáng	qī wàng
plain, simple, guileless	plain and simple, unadorned	waterfall	desolate	hope, expectation
Facile	*plaine*	*cascade*	*désolé*	*espérer*

#3816 HSK6	#3817 HSK6	#3818 HSK6	#3819 HSK6	#3820 HSK6
期限	欺负	欺骗	奇妙	旗袍
qī xiàn	qī fu	qī piàn	qí miào	qí páo
time limit, deadline, allotted time	to bully	to deceive, to cheat	fantastic, wonderful	Chinese-style dress, cheongsam
date limite	*pour intimider*	*tricher*	*fantastique*	*cheongsam*

#3821 HSK6	#3822 HSK6	#3823 HSK6	#3824 HSK6	#3825 HSK6
旗帜	歧视	齐全	乞丐	企图
qí zhì	qí shì	qí quán	qǐ gài	qǐ tú
ensign, flag	to discriminate against	complete	beggar	attempt, CL:种
insigne	*la discrimination*	*Achevée*	*mendiant*	*tentative*

#3826 HSK6	#3827 HSK6	#3828 HSK6	#3829 HSK6	#3830 HSK6
启程	启蒙	启事	启示	岂有此理
qǐ chéng	qǐ méng	qǐ shì	qǐ shì	qǐ yǒu cǐ lǐ
to set out on a journey	to instruct the young, to initiate	announcement, to post information	enlightenment, revelation	preposterous, ridiculous
un voyage	*initier*	*annonce*	*éclaircissement*	*ridicule*

#3831 HSK6	#3832 HSK6	#3833 HSK6	#3834 HSK6	#3835 HSK6
起草	起初	起伏	起哄	起码
qǐ cǎo	qǐ chū	qǐ fú	qǐ hòng	qǐ mǎ
draft (a bill), draw up (plans)	originally, at first, at the outset	to undulate, ups and downs	to heckle, rowdy jeering	at the minimum, at the very least
Brouillon	*initialement*	*onduler*	*chahuter*	*le minimum*

#3836 HSK6	#3837 HSK6	#3838 HSK6	#3839 HSK6	#3840 HSK6
起源	器材	器官	气概	气功
qǐ yuán	qì cái	qì guān	qì gài	qì gōng
origin, to originate, to come from	equipment, material	organ (part of body tissue)	lofty quality, mettle, spirit	a system of deep breathing exercises
origine	*équipement*	*appareil*	*esprit*	*qigong*

#3841 HSK6	#3842 HSK6	#3843 HSK6	#3844 HSK6	#3845 HSK6
气魄	气色	气势	气味	气象
qì pò	qì sè	qì shì	qì wèi	qì xiàng
spirit, boldness	complexion	momentum, manner, energy	odor, scent	meteorological feature, CL:个
esprit	*complexion*	*élan*	*parfum*	*météorologie*

#3846 HSK6	#3847 HSK6	#3848 HSK6	#3849 HSK6	#3850 HSK6
气压	气质	迄今为止	掐	恰当
qì yā	qì zhí	qì jīn wéi zhǐ	qiā	qià dàng
atmospheric pressure	temperament, personality traits	so far, up to now, still (not)	to pick (flowers), to pinch	appropriate, suitable
pression atmosphérique	*tempérament*	*jusque là*	*pincer*	*approprié*

#3851 HSK6	#3852 HSK6	#3853 HSK6	#3854 HSK6	#3855 HSK6
恰到好处	恰巧	洽谈	牵	牵扯
qià dào hǎo chù	qià qiǎo	qià tán	qiān	qiān chě
it's just perfect, it's just right	fortunately, unexpectedly	to discuss	to lead along	to involve, to implicate
parfait	*Heureusement*	*discuter*	*tirer*	*impliquer*

#3856 HSK6	#3857 HSK6	#3858 HSK6	#3859 HSK6	#3860 HSK6
牵制	签署	谦逊	迁就	迁徙
qiān zhì	qiān shǔ	qiān xùn	qiān jiù	qiān xǐ
to control, to curb, to restrict	to sign (an agreement)	humble, humility, modesty	to yield, to adapt to	to migrate, to move
contrôller	*signer*	*humble*	*produire*	*migrer*

#3861 HSK6	#3862 HSK6	#3863 HSK6	#3864 HSK6	#3865 HSK6
前景	前提	潜力	潜水	潜移默化
qián jǐng	qián tí	qián lì	qián shuǐ	qián yí mò huà
foreground, perspective	premise, precondition, prerequisite	potential, capacity	to dive, to go under water	imperceptible influence
premier plan	*prémisse*	*potentiel*	*plonger*	*influence*

#3866 HSK6	#3867 HSK6	#3868 HSK6	#3869 HSK6	#3870 HSK6
谴责	抢劫	强制	强迫	抢救
qiǎn zé	qiāng jié	qiáng zhì	qiǎng pò	qiāng jiù
to denounce, to condemn	to rob, looting	to enforce, enforcement	to compel, to force	rescue
dénoncer	*voler*	*renforcer*	*obliger*	*porter secours*

#3871 HSK6	#3872 HSK6	#3873 HSK6	#3874 HSK6	#3875 HSK6
桥梁	窍门	翘	切实	亲密
qiáo liáng	qiào mén	qiào	qiè shí	qīn mì
bridge	a trick, an ingenious method	to raise	feasible, earnestly	intimate, close
pont	*Un truc*	*augmenter*	*réalisable*	*intime*

#3876 HSK6	#3877 HSK6	#3878 HSK6	#3879 HSK6	#3880 HSK6
亲热	侵犯	侵略	钦佩	勤俭
qīn rè	qīn fàn	qīn lvè	qīn pèi	qín jiǎn
affectionate, intimate	to infringe on, to encroach on	invasion, encroachment	to admire, to look up to	hardworking and frugal
affectueux	*empiéter sur*	*invasion*	*admirer*	*travailleur*

#3881 HSK6	#3882 HSK6	#3883 HSK6	#3884 HSK6	#3885 HSK6
勤劳	倾听	倾向	倾斜	清澈
qín láo	qīng tīng	qīng xiàng	qīng xié	qīng chè
hardworking, industrious, diligent	to listen attentively	trend, tendency, orientation	to incline, to lean, to slant	clear, limpid
diligent	*écouter attentivement*	*tendance*	*incliner*	*clair*

#3886 HSK6	#3887 HSK6	#3888 HSK6	#3889 HSK6	#3890 HSK6
清晨	清除	清洁	清理	清晰
qīng chén	qīng chú	qīng jié	qīng lǐ	qīng xī
early morning	eliminate, get rid of	clean, purity	clear, to put in order, to check up	clear, distinct
tôt le matin	*éliminer*	*nettoyer*	*clair*	*distinct*

#3891 HSK6	#3892 HSK6	#3893 HSK6	#3894 HSK6	#3895 HSK6
清醒	清真	情报	情节	情理
qīng xǐng	qīng zhēn	qíng bào	qíng jié	qíng lǐ
clear-headed, sober, awake	Islamic, Muslim, halal (of food)	information-gathering	plot, circumstances	reason, sense
éveillé	*islamique*	*intelligence*	*conditions*	*raison*

#3896 HSK6	#3897 HSK6	#3898 HSK6	#3899 HSK6	#3900 HSK6
情形	晴朗	请柬	请教	请示
qíng xíng	qíng lǎng	qǐng jiǎn	qǐng jiào	qǐng shì
circumstances, situation, CL:个	sunny and cloudless	invitation card, written invitation	consult	ask for instructions
situation	*ensoleillé*	*carte d'invitation*	*consulter*	*demander des instructions*

#3901 HSK6	#3902 HSK6	#3903 HSK6	#3904 HSK6	#3905 HSK6
请帖	丘陵	区分	区域	屈服
qǐng tiě	qiū líng	qū fēn	qū yù	qū fú
invitation card, written invitation	hills	to differentiate	area, region, district	to surrender, to yield
carte d'invitation	collines	à différencier	zone	se rendre

#3906 HSK6	#3907 HSK6	#3908 HSK6	#3909 HSK6	#3910 HSK6
曲折	驱逐	渠道	取缔	曲子
qū zhé	qū zhú	qú dào	qǔ dì	qǔ zi
complicated, winding	to expel, to deport, banishment	irrigation ditch	to ban, to prohibit	poem for singing, tune, music
compliqué	expulser	fossé d'irrigation	exclure	la musique

#3911 HSK6	#3912 HSK6	#3913 HSK6	#3914 HSK6	#3915 HSK6
趣味	圈套	全局	全力以赴	拳头
qù wèi	quān tào	quán jú	quán lì yǐ fù	quán tou
fun, interest, delight, taste	trap, snare, trick	overall situation	do at all costs	fist, clenched fist
amusement	piège	situation générale	faire à tout prix	poing

#3916 HSK6	#3917 HSK6	#3918 HSK6	#3919 HSK6	#3920 HSK6
权衡	权威	犬	缺口	缺席
quán héng	quán wēi	quǎn	quē kǒu	quē xí
to weigh, to consider	authority, authoritative	dog	nick, jag, gap, shortfall	absence, absent
peser	autorité	chien	pseudo	absence

#3921 HSK6	#3922 HSK6	#3923 HSK6	#3924 HSK6	#3925 HSK6
缺陷	瘸	确保	确立	确切
quē xiàn	qué	què bǎo	què lì	què qiè
a defect, a flaw	lame	to ensure, to guarantee	to establish, to institute	definite, exact, precise
un défaut	*boiteux*	*s'assurer*	*établir*	*précis*

#3926 HSK6	#3927 HSK6	#3928 HSK6	#3929 HSK6	#3930 HSK6
确信	群众	染	嚷	让步
què xìn	qún zhòng	rǎn	rǎng	ràng bù
to be convinced, to be sure	mass, multitude, the masses	to dye, to catch (a disease)	blurt out, to shout	to concede, to give in
être convaincu	*Masse*	*teindre*	*crier*	*concéder*

#3931 HSK6	#3932 HSK6	#3933 HSK6	#3934 HSK6	#3935 HSK6
饶恕	扰乱	惹祸	热门	人道
ráo shù	rǎo luàn	rě huò	rè mén	rén dào
forgiveness, spare	to disturb, to perturb, to harass	stirring up trouble	popular, hot, in vogue	human sympathy, humanitarianism
le pardon	*déranger*	*catastrophe*	*populaire*	*sympathie humaine*

#3936 HSK6	#3937 HSK6	#3938 HSK6	#3939 HSK6	#3940 HSK6
人格	人工	人家	人间	人士
rén gé	rén gōng	rén jia	rén jiān	rén shì
personality, integrity, dignity	artificial, manpower, manual work	other, other people	man's world, the world	person, figure, public figure
personnalité	*artificiel*	*autre*	*le monde*	*la personne*

#3941 HSK6	#3942 HSK6	#3943 HSK6	#3944 HSK6	#3945 HSK6
人为	人性	人质	仁慈	忍耐
rén wéi	rén xìng	rén zhì	rén cí	rěn nài
artificial, man-made	human nature, humanity, human	hostage	benevolent, charitable, kind	to show restraint, to repress
artificiel	*nature humaine*	*otage*	*bienveillant*	*réprimer*

#3946 HSK6	#3947 HSK6	#3948 HSK6	#3949 HSK6	#3950 HSK6
忍受	任命	任性	任意	任重道远
rěn shòu	rèn mìng	rèn xìng	rèn yì	rèn zhòng dào yuǎn
to bear, to endure	to appoint and nominate	willful, headstrong, uninhibited	arbitrary, at will, at random	a heavy load and a long road
supporter	*nommer*	*délibéré*	*arbitraire*	*une lourde charge*

#3951 HSK6	#3952 HSK6	#3953 HSK6	#3954 HSK6	#3955 HSK6
认定	认可	仍旧	日新月异	日益
rèn dìng	rèn kě	réng jiù	rì xīn yuè yì	rì yì
to maintain (that sth is true)	to approve, approval	still (remaining), yet	monthly change (idiom)	day by day, more and more
Maintenir	*approuver*	*rester*	*renouvellement*	*de plus en plus*

#3956 HSK6	#3957 HSK6	#3958 HSK6	#3959 HSK6	#3960 HSK6
容貌	容纳	容器	容忍	溶解
róng mào	róng nà	róng qì	róng rěn	róng jiě
one's aspect, looks, features	to hold, to contain	receptacle, vessel	to put up with, to tolerate	dissolve, solution
Caractéristiques	*tenir*	*réceptacle*	*tolérer*	*dissoudre*

#3961 HSK6	#3962 HSK6	#3963 HSK6	#3964 HSK6	#3965 HSK6
荣幸	荣誉	融化	融洽	揉
róng xìng	róng yù	róng huà	róng qià	róu
honored	honor, credit, glory	to melt, to thaw, to dissolve	harmonious, friendly relations	to knead, to massage, to rub
honoré	*gloire*	*fondre*	*harmonieux*	*Pétrir*

#3966 HSK6	#3967 HSK6	#3968 HSK6	#3969 HSK6	#3970 HSK6
柔和	儒家	弱点	若干	撒谎
róu hé	rú jiā	ruò diǎn	ruò gān	sā huǎng
gentle, soft	Confucianism, Confucian school	weak point, failing	a certain number or amount	to tell lies
doux	*Le confucianisme*	*échouer*	*montant*	*dire des mensonges*

#3971 HSK6	#3972 HSK6	#3973 HSK6	#3974 HSK6	#3975 HSK6
散文	散布	散发	丧失	骚扰
sǎn wén	sàn bù	sàn fā	sàng shī	sāo rǎo
prose, essay	to disseminate	distribute, emit, issue	to lose, to forfeit	to disturb, to cause a commotion
essai	*diffuser*	*distribuer*	*perdre*	*déranger*

#3976 HSK6	#3977 HSK6	#3978 HSK6	#3979 HSK6	#3980 HSK6
嫂子	刹车	啥	筛选	山脉
sǎo zi	shā chē	shá	shāi xuǎn	shān mài
(informal) older brother's wife	to stop, to switch off	(dialect) what	to filter	mountain range, CL:条
belle-soeur	*freiner*	*quoi*	*à filtrer*	*chaîne de montagnes*

#3981 HSK6	#3982 HSK6	#3983 HSK6	#3984 HSK6	#3985 HSK6
闪烁	擅长	伤脑筋	商标	上级
shǎn shuò	shàn cháng	shāng nǎo jīn	shāng biāo	shàng jí
flicker, twinkling	to be good at, to be expert in	knotty, troublesome, bothersome	trademark, logo	higher authorities, superiors, CL:个
vaciller	*être expert en*	*noueux*	*marque déposée*	*supérieurs*

#3986 HSK6	#3987 HSK6	#3988 HSK6	#3989 HSK6	#3990 HSK6
上进	上任	上瘾	上游	尚且
shàng jìn	shàng rèn	shàng yǐn	shàng yóu	shàng qiě
to make progress, to do better	take office	to get into a habit	upper reaches, advanced position	(not) even, yet, still
faire mieux	*prendre ses fonctions*	*intoxiqué*	*position avancée*	*encore*

#3991 HSK6	#3992 HSK6	#3993 HSK6	#3994 HSK6	#3995 HSK6
捎	梢	哨	奢侈	舌头
shāo	shāo	shào	shē chǐ	shé tou
to bring sth to sb (news etc)	tip of branch	a whistle, sentry	luxurious, extravagant, wasteful	tongue, CL:个
apporter	*bout de branche*	*un sifflet*	*luxueux*	*langue*

#3996 HSK6	#3997 HSK6	#3998 HSK6	#3999 HSK6	#4000 HSK6
摄氏度	涉及	社区	设立	设想
shè shì dù	shè jí	shè qū	shè lì	shè xiǎng
degrees centigrade	to involve, to touch upon (a topic)	community	to set up, to establish	to imagine, to assume
centigrade	*impliquer*	*communauté*	*établir*	*imaginer*

#4001 HSK6	#4002 HSK6	#4003 HSK6	#4004 HSK6	#4005 HSK6
设置	呻吟	深奥	深沉	深情厚谊
shè zhì	shēn yín	shēn ào	shēn chén	shēn qíng hòu yì
to set up, to install	to moan, to groan	profound, abstruse, recondite	deep, extreme, dull	profound friendship
à installer	*gémir*	*profond*	*Profond*	*profonde amitié*

#4006 HSK6	#4007 HSK6	#4008 HSK6	#4009 HSK6	#4010 HSK6
申报	绅士	神经	神奇	神气
shēn bào	shēn shì	shén jīng	shén qí	shén qì
to report (to the authorities)	gentleman	nerve	magical, mystical, miraculous	expression, manner, spirited
déclarer	*gentilhomme*	*nerf*	*magique*	*expression*

#4011 HSK6	#4012 HSK6	#4013 HSK6	#4014 HSK6	#4015 HSK6
神圣	神态	审查	审理	审美
shén shèng	shén tài	shěn chá	shěn lǐ	shěn měi
divine, hallow, holy, sacred	appearance, manner, bearing	to examine, to investigate	to hear (a case)	esthetics, appreciating the arts
Divin	*apparence*	*examiner*	*entendre*	*esthétique*

#4016 HSK6	#4017 HSK6	#4018 HSK6	#4019 HSK6	#4020 HSK6
审判	慎重	渗透	声明	声势
shěn pàn	shèn zhòng	shèn tòu	shēng míng	shēng shì
a trial, to try sb	cautious, careful, prudent	to permeate, to infiltrate	statement, declaration	momentum
un procès	*prudent*	*imprégner*	*déclaration*	*élan*

#4021 HSK6	#4022 HSK6	#4023 HSK6	#4024 HSK6	#4025 HSK6
声誉	牲畜	生存	生机	生理
shēng yù	shēng chù	shēng cún	shēng jī	shēng lǐ
reputation, fame	domesticated animals, livestock	to exist, to survive	opportunity to live, life force	physiology
réputation	*bétail*	*survivre*	*possibilité de vivre*	*physiologie*

#4026 HSK6	#4027 HSK6	#4028 HSK6	#4029 HSK6	#4030 HSK6
生疏	生态	生物	生效	生锈
shēng shū	shēng tài	shēng wù	shēng xiào	shēng xiù
strange, out of practice	way of life, ecology	organism, living creature	to take effect, to go into effect	to corrode, oxidization
inconnu	*écologie*	*organisme*	*prendre effet*	*rouiller*

#4031 HSK6	#4032 HSK6	#4033 HSK6	#4034 HSK6	#4035 HSK6
生育	省会	盛产	盛开	盛情
shēng yù	shěng huì	shèng chǎn	shèng kāi	shèng qíng
to bear, to give birth	provincial capital	superabundant, to teem with	blooming, in full flower	great kindness
supporter	*capitale de la province*	*surabondant*	*épanouissement*	*la gentillesse*

#4036 HSK6	#4037 HSK6	#4038 HSK6	#4039 HSK6	#4040 HSK6
盛行	胜负	失事	失误	失踪
shèng xíng	shèng fù	shī shì	shī wù	shī zōng
to be in vogue, to be prevalent	victory or defeat	to have an accident	lapse, mistake, fault	missing, lost, unaccounted for
être répandu	*le résultat*	*accident*	*erreur*	*disparu*

#4041 HSK6	#4042 HSK6	#4043 HSK6	#4044 HSK6	#4045 HSK6
尸体	师范	施加	施展	十足
shī tǐ	shī fàn	shī jiā	shī zhǎn	shí zú
dead body, corpse, carcass	teacher-training, pedagogical	to exert (effort or pressure)	to use fully, to put to use	ample, complete, hundred percent
corps	*pédagogique*	*exercer*	*utiliser pleinement*	*ample*

#4046 HSK6	#4047 HSK6	#4048 HSK6	#4049 HSK6	#4050 HSK6
实惠	实力	实施	实行	实质
shí huì	shí lì	shí shī	shí xíng	shí zhì
tangible benefit	strength	to implement, to carry out	to implement, to carry out	substance, essence
avantageux	*force*	*implémenter*	*implémenter*	*substance*

#4051 HSK6	#4052 HSK6	#4053 HSK6	#4054 HSK6	#4055 HSK6
拾	时常	时而	时光	时机
shí	shí cháng	shí ér	shí guāng	shí jī
to pick up, to collate or arrange	often, frequently	occasionally, from time to time	time, era, period of time	fortunate timing, occasion
ramasser	*souvent*	*parfois*	*ère*	*occasion*

#4056 HSK6	#4057 HSK6	#4058 HSK6	#4059 HSK6	#4060 HSK6
时事	石油	识别	使命	世代
shí shì	shí yóu	shí bié	shǐ mìng	shì dài
current trends	oil, petroleum	to distinguish, to discern	mission (diplomatic or other)	generation, an era
les tendances actuelles	*pétrole*	*discerner*	*mission*	*génération*

#4061 HSK6	#4062 HSK6	#4063 HSK6	#4064 HSK6	#4065 HSK6
事故	事迹	事件	事态	事务
shì gù	shì jì	shì jiàn	shì tài	shì wù
accident	deed, past achievement	event, happening, incident, CL:个	existing state of affairs	(political, economic etc) affairs
accident	*acte*	*un événement*	*situation*	*affaires*

#4066 HSK6	#4067 HSK6	#4068 HSK6	#4069 HSK6	#4070 HSK6
事项	事业	势必	势力	是非
shì xiàng	shì yè	shì bì	shì li	shì fēi
matter, item	undertaking, project, activity	is bound to (happen)	power, (ability to) influence	right and wrong, quarrel
matière	*entreprise*	*lié à*	*Puissance*	*querelle*

#4071 HSK6	#4072 HSK6	#4073 HSK6	#4074 HSK6	#4075 HSK6
示范	示威	示意	视力	视频
shì fàn	shì wēi	shì yi	shì lì	shì pín
to demonstrate	to demonstrate (as a protest)	to hint, to indicate	vision, eyesight	video
démontrer	*une démonstration*	*insinuer*	*vision*	*vidéo*

#4076 HSK6	#4077 HSK6	#4078 HSK6	#4079 HSK6	#4080 HSK6
视线	视野	试图	试验	适宜
shì xiàn	shì yě	shì tú	shì yàn	shì yí
line of sight	field of view, horizon	to attempt, to try	experiment, test, experimental	suitable, appropriate
ligne de mire	*horizon*	*tenter*	*expérience*	*adapté*

#4081 HSK6	#4082 HSK6	#4083 HSK6	#4084 HSK6	#4085 HSK6
逝世	释放	收藏	收缩	收益
shì shì	shì fàng	shōu cáng	shōu suō	shōu yì
to pass away, to die	to release, to set free	to hoard, to collect, collection	to pull back, to shrink	earnings, profit
mourrir	*libérer*	*thésauriser*	*rétrécir*	*gains*

#4086 HSK6	#4087 HSK6	#4088 HSK6	#4089 HSK6	#4090 HSK6
收音机	守护	手法	手势	手艺
shōu yīn jī	shǒu hù	shǒu fǎ	shǒu shì	shǒu yì
radio, CL:台	to guard, to protect	technique, trick, skill	gesture, sign, signal	craftmanship, workmanship
radio	*garder*	*technique*	*geste*	*artisanat*

#4091 HSK6	#4092 HSK6	#4093 HSK6	#4094 HSK6	#4095 HSK6
首饰	首要	受罪	授予	书法
shǒu shì	shǒu yào	shòu zuì	shòu yǔ	shū fǎ
jewelry, head ornament,	the most important	to endure, to suffer, hardships	to award, to confer	calligraphy, handwriting
bijoux	*important*	*à supporter*	*décerner*	*calligraphie*

#4096 HSK6	#4097 HSK6	#4098 HSK6	#4099 HSK6	#4100 HSK6
书记	书籍	书面	疏忽	疏远
shū ji	shū jí	shū miàn	shū hu	shū yuǎn
secretary, clerk, CL:个	books, works	in writing, written (guarantee etc)	to neglect, to overlook	to drift apart, to alienate
secrétaire	*livres*	*en cours d'écriture*	*négliger*	*aliéner*

#4101 HSK6	#4102 HSK6	#4103 HSK6	#4104 HSK6	#4105 HSK6
舒畅 shū chàng happy, entirely free from worry *content*	数额 shù é amount, sum of money, fixed number *montant*	束 shù to bind, to tie, bundle, cluster *lier*	束缚 shù fù to bind, to restrict, to tie *restreindre*	树立 shù lì to set up, to establish *installer*

#4106 HSK6	#4107 HSK6	#4108 HSK6	#4109 HSK6	#4110 HSK6
竖 shù to erect, vertical, vertical stroke *ériger*	耍 shuǎ to play with, to juggle *jongler*	衰老 shuāi lǎo to age, to deteriorate with age *vieillir*	衰退 shuāi tuì to decline, to fall *à diminuer*	率领 shuài lǐng lead, command, head *conduire*

#4111 HSK6	#4112 HSK6	#4113 HSK6	#4114 HSK6	#4115 HSK6
双胞胎 shuāng bāo tāi twin, CL:对 *double*	爽快 shuǎng kuài refreshed, rejuvenated *rafraîchi*	水利 shuǐ lì water conservancy, irrigation works *travaux d'irrigation*	水龙头 shuǐ lóng tóu faucet, tap *robinet*	水泥 shuǐ ní cement, CL:袋 *ciment*

#4116 HSK6	#4117 HSK6	#4118 HSK6	#4119 HSK6	#4120 HSK6
瞬间 shùn jiān moment, momentary, in a flash, *moment*	司法 sī fǎ (administration of) justice *judiciaire*	司令 sī lìng commanding officer *Commandant*	思念 sī niàn think of, long for, miss *Mademoiselle*	思索 sī suǒ think deeply, ponder *réflechir*

#4121 HSK6	#4122 HSK6	#4123 HSK6	#4124 HSK6	#4125 HSK6
思维	斯文	私自	死亡	四肢
sī wéi	sī wen	sī zì	sǐ wáng	sì zhī
(line of) thought, thinking	refined, educate, cultured	private, personal, secretly	death, deadly	the four limbs of the body
en pensant	*raffiné*	*privé*	*décès*	*membres*

#4126 HSK6	#4127 HSK6	#4128 HSK6	#4129 HSK6	#4130 HSK6
寺庙	肆无忌惮	饲养	耸	苏醒
sì miào	sì wú jì dàn	sì yǎng	sǒng	sū xǐng
temple, monastery, shrine	absolutely unrestrained, unbridled	to raise, to rear	to excite, lofty, towering	to wake up, to regain consciousness
temple	*débridé*	*augmenter*	*exciter*	*se réveiller*

#4131 HSK6	#4132 HSK6	#4133 HSK6	#4134 HSK6	#4135 HSK6
俗话	塑造	素食	素质	诉讼
sú huà	sù zào	sù shí	sù zhì	sù sòng
common saying, proverb	to model, to mould, plastic (arts)	vegetarian food, vegetables	inner quality, basic essence	lawsuit
proverbe	*modeler*	*des légumes*	*essence*	*procès*

#4136 HSK6	#4137 HSK6	#4138 HSK6	#4139 HSK6	#4140 HSK6
算数	随即	随意	岁月	隧道
suàn shù	suí jí	suí yì	suì yuè	suì dào
to count numbers, to hold	immediately, presently	as one wishes, at will	years, passing of time	tunnel
tenir	*immédiatement*	*vœux*	*ans*	*tunnel*

#4141 HSK6	#4142 HSK6	#4143 HSK6	#4144 HSK6	#4145 HSK6
损坏 sǔn huài to damage, to injure *endommager*	索取 suǒ qǔ to ask, to demand, *demander*	索性 suǒ xìng you might as well (do it) *simplement*	塌 tā collapse *effondrer*	踏实 tā shi practical, down-to-earth *pratique*
#4146 HSK6	#4147 HSK6	#4148 HSK6	#4149 HSK6	#4150 HSK6
塔 tǎ pagoda, tower, minaret *pagode*	台风 tái fēng hurricane, typhoon *ouragan*	太空 tài kōng outer space *Cosmos*	泰斗 tài dǒu leading scholar of his time *magnat*	摊 tān to spread out, vendor's stand, *se propager*
#4151 HSK6	#4152 HSK6	#4153 HSK6	#4154 HSK6	#4155 HSK6
瘫痪 tān huàn paralysis *paralysie*	贪婪 tān lán avaricious, greedy, rapacious *avare*	贪污 tān wū corruption *la corruption*	弹性 tán xìng flexibility, elasticity (physics) *la flexibilité*	坦白 tǎn bái honest, forthcoming, to confess *honnête*
#4156 HSK6	#4157 HSK6	#4158 HSK6	#4159 HSK6	#4160 HSK6
叹气 tàn qì to sigh, to heave a sigh *Soupirer*	探测 tàn cè to probe, to take readings *sonder*	探索 tàn suǒ to explore, to probe *explorer*	探讨 tàn tǎo to investigate, to probe *enquêter*	探望 tàn wàng to visit *visiter*

#4161 HSK6	#4162 HSK6	#4163 HSK6	#4164 HSK6	#4165 HSK6
倘若 tǎng ruò provided that, supposing that, if, *à condition que*	**掏** tāo to fish out (from pocket), to scoop *ramasser*	**滔滔不绝** tāo tāo bù jué unceasing torrent (idiom) *parlant*	**淘汰** táo tài to wash out, elimination *élimination*	**陶瓷** táo cí pottery and porcelain, ceramics *céramique*
#4166 HSK6	#4167 HSK6	#4168 HSK6	#4169 HSK6	#4170 HSK6
陶醉 táo zuì to be infatuated with *être entiché*	**讨好** tǎo hǎo to get the desired outcome *résultat*	**特长** tè cháng personal strength *force personnelle*	**特定** tè dìng special, specific, designated *spécial*	**特意** tè yì specially, intentionally *spécialement*
#4171 HSK6	#4172 HSK6	#4173 HSK6	#4174 HSK6	#4175 HSK6
提拔 tí bá to promote to a higher job *promouvoir*	**提炼** tí liàn to extract (ore, minerals etc) *extraire*	**提示** tí shì to prompt, to present, to point out *pour inviter*	**提议** tí yì proposal, suggestion, to propose *proposition*	**题材** tí cái subject matter *sujet*
#4176 HSK6	#4177 HSK6	#4178 HSK6	#4179 HSK6	#4180 HSK6
体裁 tǐ cái genre, style, form of writing *genre*	**体积** tǐ jī volume, bulk, CL:个 *le volume*	**体谅** tǐ liàng to empathize, to allow *faire preuve d'empathie*	**体面** tǐ miàn honorable, creditable *dignité*	**体系** tǐ xì system, setup, CL:个 *système*

#4181 HSK6	#4182 HSK6	#4183 HSK6	#4184 HSK6	#4185 HSK6
天才	天赋	天然气	天生	天堂
tiān cái	tiān fù	tiān rán qì	tiān shēng	tiān táng
talent, gift, genius, talented	gift, innate skill	natural gas	innate, natural	paradise, heaven
génie	*cadeau*	*gaz naturel*	*inné*	*paradis*

#4186 HSK6	#4187 HSK6	#4188 HSK6	#4189 HSK6	#4190 HSK6
天文	田径	田野	舔	挑剔
tiān wén	tián jìng	tián yě	tiǎn	tiāo ti
astronomy	track and field (athletics)	field, open land, CL:片	to lick, to lap	picky, fussy
astronomie	*athlétisme*	*champ*	*lécher*	*pointilleux*

#4191 HSK6	#4192 HSK6	#4193 HSK6	#4194 HSK6	#4195 HSK6
条款	条理	条约	调和	调剂
tiáo kuǎn	tiáo lǐ	tiáo yuē	tiáo hé	tiáo jì
clause (of contract or law)	arrangement, order, tidiness	treaty, pact, CL:个	harmonious, harmony	to adjust, to balance
clause	*arrangement*	*traité*	*harmonie*	*équilibrer*

#4196 HSK6	#4197 HSK6	#4198 HSK6	#4199 HSK6	#4200 HSK6
调节	调解	调料	挑拨	挑衅
tiáo jié	tiáo jiě	tiáo liào	tiǎo bō	tiǎo xìn
to adjust, to regulate	to bring parties to an agreement	condiment, seasoning, flavoring	to incite disharmony, to instigate	to provoke, provocation
ajuster	*à méditer*	*condiment*	*inciter*	*provoquer*

#4201 HSK6	#4202 HSK6	#4203 HSK6	#4204 HSK6	#4205 HSK6
跳跃	亭子	停泊	停顿	停滞
tiào yuè	tíng zi	tíng bó	tíng dùn	tíng zhì
to jump, to leap, to bound, to skip	pavilion	anchorage, mooring (of a ship)	pause	stagnation, at a standstill
sauter	*pavillon*	*ancrage*	*pause*	*stagnation*

#4206 HSK6	#4207 HSK6	#4208 HSK6	#4209 HSK6	#4210 HSK6
挺拔	通货膨胀	通俗	通讯	通用
tǐng bá	tōng huò péng zhàng	tōng sú	tōng xùn	tōng yòng
tall and straight	inflation	common, everyday, average	communications, a news story , CL:个	common (use), interchangeable
grand et droit	*inflation*	*commun*	*les communications*	*commun*

#4211 HSK6	#4212 HSK6	#4213 HSK6	#4214 HSK6	#4215 HSK6
同胞	同志	童话	铜	统筹兼顾
tóng bāo	tóng zhì	tóng huà	tóng	tǒng chóu jiān gù
born of the same parents	comrade, homosexual (slang), CL:个	children's fairy tales	copper (chemistry), CL:块	an overall plan
citoyenne	*camarade*	*contes de fées*	*cuivre*	*un ensemble*

#4216 HSK6	#4217 HSK6	#4218 HSK6	#4219 HSK6	#4220 HSK6
统计	统统	统治	投机	投票
tǒng jì	tǒng tǒng	tǒng zhì	tóu jī	tóu piào
statistics, to count, to add up	totally	to govern, rule, regime	to speculate, opportunistic	to vote, vote
statistiques	*totalement*	*régner*	*opportuniste*	*voter*

#4221 HSK6	#4222 HSK6	#4223 HSK6	#4224 HSK6	#4225 HSK6
投诉	投降	投掷	透露	秃
tóu sù	tóu xiáng	tóu zhì	tòu lù	tū
complaint, to file a complaint	to surrender, surrender	to throw sth a long distance	to leak out, to divulge	bald, blunt
plainte	*abandon*	*Pour lancer*	*divulguer*	*cru*

#4226 HSK6	#4227 HSK6	#4228 HSK6	#4229 HSK6	#4230 HSK6
突破	图案	徒弟	涂抹	途径
tū pò	tú àn	tú dì	tú mǒ	tú jìng
to break through	design, pattern	apprentice, disciple	to paint, to smear, to doodle	way, channel
percée	*conception*	*apprenti*	*peinturer*	*canal*

#4231 HSK6	#4232 HSK6	#4233 HSK6	#4234 HSK6	#4235 HSK6
土壤	团结	团体	团圆	推测
tū rǎng	tuán jié	tuán tǐ	tuán yuán	tuī cè
soil	a rally, to hold a rally	group, organization, team, CL:个	to have a reunion,	speculation, to conjecture
sol	*un rallye*	*organisation*	*réunion*	*spéculation*

#4236 HSK6	#4237 HSK6	#4238 HSK6	#4239 HSK6	#4240 HSK6
推翻	推理	推论	推销	吞吞吐吐
tuī fān	tuī lǐ	tuī lùn	tuī xiāo	tūn tūn tǔ tǔ
overthrow	reasoning, speculative, inference	to infer, a deduction, a corollary	to market, to sell	to hum and haw (idiom)
renverser	*raisonnement*	*à déduire*	*au marché*	*marmonner*

#4241 HSK6	#4242 HSK6	#4243 HSK6	#4244 HSK6	#4245 HSK6
托运	拖延	脱离	妥当	妥善
tuō yùn	tuō yán	tuō lí	tuǒ dang	tuǒ shàn
to consign (goods)	to adjourn, to delay, to defer	to separate oneself from	appropriate, proper, ready	appropriate, proper
consigner	*ajourner*	*séparer*	*correct*	*approprié*

#4246 HSK6	#4247 HSK6	#4248 HSK6	#4249 HSK6	#4250 HSK6
妥协	椭圆	唾弃	挖掘	娃娃
tuǒ xié	tuǒ yuán	tuò qì	wā jué	wá wa
to compromise, to reach terms	oval, ellipse, elliptic	to spurn, to disdain	to excavate, to dig, to unearth	baby, small child, doll
à faire des compromis	*ovale*	*dédaigner*	*fouiller*	*bébé*

#4251 HSK6	#4252 HSK6	#4253 HSK6	#4254 HSK6	#4255 HSK6
瓦解	歪曲	外表	外行	外界
wǎ jiě	wāi qū	wài biǎo	wài háng	wài jiè
to collapse, to disintegrate	to distort, to misrepresent	external, outside	layman, amateur	the outside world, external
S'effondrer	*déformer*	*externe*	*amateur*	*externe*

#4256 HSK6	#4257 HSK6	#4258 HSK6	#4259 HSK6	#4260 HSK6
外向	丸	完备	完毕	玩弄
wài xiàng	wán	wán bèi	wán bì	wán nòng
outward-looking, extrovert	pill	faultless, complete, perfect	to finish, to end, to complete	to play with, to engage in
extraverti	*pilule*	*irréprochable*	*pour finir*	*recourir*

#4261 HSK6	#4262 HSK6	#4263 HSK6	#4264 HSK6	#4265 HSK6
玩意儿 wán yì r toy, plaything, thing, act, trick *jouet*	顽固 wán gù stubborn, obstinate *têtu*	顽强 wán qiáng tenacious, hard to defeat *tenace*	惋惜 wǎn xī to feel sorry for a person *Pardon*	挽回 wǎn huí to retrieve, to redeem *à récupérer*

#4266 HSK6	#4267 HSK6	#4268 HSK6	#4269 HSK6	#4270 HSK6
挽救 wǎn jiù to save, to remedy, to rescue *sauver*	万分 wàn fēn very much, extremely *extrêmement*	往常 wǎng cháng habitually in the past *habituellement*	往事 wǎng shì past events, former happenings *événements passés*	妄想 wàng xiǎng to attempt vainly, a vain attempt *tenter*

#4271 HSK6	#4272 HSK6	#4273 HSK6	#4274 HSK6	#4275 HSK6
危机 wēi jī crisis, CL:个 *crise*	威风 wēi fēng might, awe-inspiring authority *impressionnant*	威力 wēi lì might, formidable power *puissance formidable*	威望 wēi wàng prestige *prestige*	威信 wēi xìn prestige and public reliance *prestige*

#4276 HSK6	#4277 HSK6	#4278 HSK6	#4279 HSK6	#4280 HSK6
微不足道 wēi bù zú dào negligible, insignificant *négligeable*	微观 wēi guān micro-, sub-atomic *sub-atomique*	为难 wéi nán feel embarrassed or awkward *gênant*	为期 wéi qī (to be done) by (a certain date) *durable*	唯独 wéi dú just (i.e. it is only that...) *seulement*

#4281 HSK6	#4282 HSK6	#4283 HSK6	#4284 HSK6	#4285 HSK6
维持	**维护**	**维生素**	**违背**	**伪造**
wéi chí	wéi hù	wéi shēng sù	wéi bèi	wěi zào
to keep, to maintain, to preserve	to defend, to safeguard	vitamin	to violate, to be contrary to	to forge, to fake, to counterfeit
garder	*défendre*	*vitamine*	*violer*	*forger*

#4286 HSK6	#4287 HSK6	#4288 HSK6	#4289 HSK6	#4290 HSK6
委托	**委员**	**卫星**	**喂**	**慰问**
wěi tuō	wěi yuán	wèi xīng	wèi	wèi wèn
to entrust, to trust, to commission	committee member, committee	(space) satellite, CL:颗	to feed (sb or some animal)	to express sympathy
confier	*Comité*	*Satellite*	*nourrir*	*salutations*

#4291 HSK6	#4292 HSK6	#4293 HSK6	#4294 HSK6	#4295 HSK6
未免	**畏惧**	**蔚蓝**	**温带**	**温和**
wèi miǎn	wèi jù	wèi lán	wēn dài	wēn hé
unavoidable, a bit too much	to fear, to dread, foreboding	azure, sky blue	temperate zone	moderate (policy etc)
inévitable	*avoir peur*	*bleu azur*	*zone tempérée*	*modéré*

#4296 HSK6	#4297 HSK6	#4298 HSK6	#4299 HSK6	#4300 HSK6
文凭	**文物**	**文献**	**文雅**	**文艺**
wén píng	wén wù	wén xiàn	wén yǎ	wén yì
diploma	cultural relic, historical relic	document	elegant, refined	literature and art
diplôme	*relique culturelle*	*document*	*élégant*	*Littérature*

#4301 HSK6	#4302 HSK6	#4303 HSK6	#4304 HSK6	#4305 HSK6
问世	窝	乌黑	污蔑	诬陷
wèn shì	wō	wū hēi	wū miè	wū xiàn
to be published, to come out	nest, lair, den, place	jet-black, dark	slander	to entrap, to frame
de sortir	*nid*	*foncé*	*calomnie*	*piéger*

#4306 HSK6	#4307 HSK6	#4308 HSK6	#4309 HSK6	#4310 HSK6
无比	无偿	无耻	无动于衷	无非
wú bǐ	wú cháng	wú chǐ	wú dòng yú zhōng	wú fēi
matchless	free, no charge, at no cost	without any sense of shame	aloof, indifferent, unconcerned	only, nothing else
incomparable	*gratuit*	*sans gêne*	*indifférent*	*seulement*

#4311 HSK6	#4312 HSK6	#4313 HSK6	#4314 HSK6	#4315 HSK6
无辜	无精打采	无赖	无理取闹	无能为力
wú gū	wú jīng dǎ cǎi	wú lài	wú lǐ qǔ nào	wú néng wéi lì
innocent, innocence	listless, in low spirits	hoodlum, rascal, rogue, rascally	to make trouble without reason	impotent (idiom), powerless
innocent	*indifférent*	*voyou*	*difficulté*	*sans espoir*

#4316 HSK6	#4317 HSK6	#4318 HSK6	#4319 HSK6	#4320 HSK6
无微不至	无忧无虑	无知	侮辱	武器
wú wēi bù zhì	wú yōu wú lv4	wú zhī	wǔ rǔ	wǔ qì
in every possible way (idiom)	carefree and without worries	ignorance	to insult, to humiliate, dishonor	weapon, arms, CL:种
méticuleux	*insouciant*	*ignorance*	*insulter*	*arme*

#4321 HSK6	#4322 HSK6	#4323 HSK6	#4324 HSK6	#4325 HSK6
武侠	武装	舞蹈	务必	物美价廉
wǔ xiá	wǔ zhuāng	wǔ dǎo	wù bì	wù měi jià lián
martial arts chivalry	arms, equipment, to arm, military	dance	must, to need to, to be sure to	cheap and fine
arts martiaux	bras	Danse	doit	pas cher et bien

#4326 HSK6	#4327 HSK6	#4328 HSK6	#4329 HSK6	#4330 HSK6
物业	物资	误差	误解	夕阳
wù yè	wù zī	wù chā	wù jiě	xī yáng
property, real estate	goods and materials	difference, error, inaccuracy	to misunderstand, to misread	sunset, the setting sun
propriété	biens et matériaux	différence	Mal comprendre	le coucher du soleil

#4331 HSK6	#4332 HSK6	#4333 HSK6	#4334 HSK6	#4335 HSK6
昔日	溪	熄灭	牺牲	膝盖
xī rì	xī	xī miè	xī shēng	xī gài
formerly, in olden days	creek, rivulet	to stop burning, to go out	to sacrifice oneself	knee
Auparavant	ruisseau	mourir	sacrifier	le genou

#4336 HSK6	#4337 HSK6	#4338 HSK6	#4339 HSK6	#4340 HSK6
习俗	媳妇	袭击	喜闻乐见	喜悦
xí sú	xí fu	xí jī	xǐ wén lè jiàn	xǐ yuè
custom, tradition, local tradition	daughter-in-law	an attack (esp. surprise attack)	a delight to see (idiom)	happy, joyous
Douane	épouse	attaquer	spectacle	joyeux

#4341 HSK6	#4342 HSK6	#4343 HSK6	#4344 HSK6	#4345 HSK6
系列	细菌	细胞	细致	峡谷
xì liè	xì jūn	xì bāo	xì zhì	xiá gǔ
series	bacterium, germ, CL.种	cell (biology)	delicate, fine, careful, meticulous	canyon, gill, ravine
séries	bactérie	cellule	délicat	canyon

#4346 HSK6	#4347 HSK6	#4348 HSK6	#4349 HSK6	#4350 HSK6
狭隘	狭窄	霞	下属	先进
xiá ài	xiá zhǎi	xiá	xià shǔ	xiān jìn
narrow, tight, narrow minded	narrow	red clouds	subordinate, underling	advanced (technology), to advance
serré	étroit	nuages rouges	subalterne	Pour avancer

#4351 HSK6	#4352 HSK6	#4353 HSK6	#4354 HSK6	#4355 HSK6
先前	掀起	纤维	鲜明	嫌
xiān qián	xiān qǐ	xiān wéi	xiān míng	xián
before, previously	to lift, to raise in height	fiber, CL:种	bright, clear-cut, distinct	to dislike, suspicion, resentment
avant	pour commencer	fibre	distinct	ne pas aimer

#4356 HSK6	#4357 HSK6	#4358 HSK6	#4359 HSK6	#4360 HSK6
嫌疑	弦	衔接	贤惠	闲话
xián yí	xián	xián jiē	xián huì	xián huà
suspicion, (be) suspected (of)	bow string, watchspring	to join together, to combine	chaste, virtuous	digression, gossip, complaint
soupçon	corde d'arc	combiner	chaste	digression

#4361 HSK6	#4362 HSK6	#4363 HSK6	#4364 HSK6	#4365 HSK6
显著	宪法	现场	现成	现状
xiǎn zhù	xiàn fǎ	xiàn chǎng	xiàn chéng	xiàn zhuàng
outstanding, notable, remarkable	constitution (of a country)	lit. actual location	ready-made, readily available	current situation
exceptionnel	*Constitution*	*la scène*	*disponible*	*situation actuelle*

#4366 HSK6	#4367 HSK6	#4368 HSK6	#4369 HSK6	#4370 HSK6
线索	陷害	陷阱	陷入	馅儿
xiàn suǒ	xiàn hài	xiàn jǐng	xiàn rù	xiàn r
trail, clues, thread (of a story)	to make false charges against	pitfall, snare, trap,	to sink into, to get caught up in	stuffing, filling
Piste	*piège*	*piège*	*couler*	*Rembourrage*

#4371 HSK6	#4372 HSK6	#4373 HSK6	#4374 HSK6	#4375 HSK6
乡镇	相差	相等	相辅相成	相应
xiāng zhèn	xiāng chà	xiāng děng	xiāng fǔ xiāng chéng	xiāng yìng
village, township	to differ, discrepancy between	equal, equally, equivalent	to complement one another (idiom)	to correspond
village	*différer*	*égal*	*pour compléter*	*correspondre*

#4376 HSK6	#4377 HSK6	#4378 HSK6	#4379 HSK6	#4380 HSK6
镶嵌	响亮	响应	向导	向来
xiāng qiàn	xiǎng liàng	xiǎng yìng	xiàng dǎo	xiàng lái
to inlay, to embed	loud and clear, resounding	respond to, answer, CL:个	guide	always, all along
incruster	*retentissant*	*répondre*	*guider*	*toujours*

#4381 HSK6	#4382 HSK6	#4383 HSK6	#4384 HSK6	#4385 HSK6
向往	巷	相声	消除	消毒
xiàng wǎng	xiàng	xiàng sheng	xiāo chú	xiāo dú
to yearn for, to look forward to	lane, alley	comic dialog, sketch, crosstalk,	to eliminate, to remove	to disinfect, to sterilize
attendre avec impatience	ruelle	esquisser	retirer	stériliser

#4386 HSK6	#4387 HSK6	#4388 HSK6	#4389 HSK6	#4390 HSK6
消防	消耗	消灭	潇洒	销毁
xiāo fáng	xiāo hào	xiāo miè	xiāo sǎ	xiāo huǐ
fire-fighting, fire control	to use up, to consume	to put an end to, to annihilate	confident and at ease	to destroy
contrôle des incendies	consommer	périr	sur de soi	détruire

#4391 HSK6	#4392 HSK6	#4393 HSK6	#4394 HSK6	#4395 HSK6
小心翼翼	效益	肖像	协会	协商
xiǎo xīn yì yì	xiào yì	xiào xiàng	xié huì	xié shāng
cautious and solemn (idiom)	benefit	portrait	an association, a society	to consult with, agreement
prudent	avantage	portrait	une association	accord

#4396 HSK6	#4397 HSK6	#4398 HSK6	#4399 HSK6	#4400 HSK6
协调	协议	协助	携带	屑
xié tiáo	xié yì	xié zhù	xié dài	xiè
to coordinate, to harmonize	agreement, pact, protocol	provide assistance, aid	to carry (on one's person)	crumbs, filings, worthwhile
coordonner	accord	aide	porter	les miettes

#4401 HSK6	#4402 HSK6	#4403 HSK6	#4404 HSK6	#4405 HSK6
泄露	泄气	谢绝	心得	心甘情愿
xiè lù	xiè qì	xiè jué	xīn dé	xīn gān qíng yuàn
to leak (information), to divulge	discouraged, dejected	to refuse politely	knowledge gained, CL:个	delighted to (do sth, idiom)
divulguer	*découragé*	*refuser*	*connaissances acquises*	*Enchanté*

#4406 HSK6	#4407 HSK6	#4408 HSK6	#4409 HSK6	#4410 HSK6
心灵	心态	心疼	心血	心眼儿
xīn líng	xīn tài	xīn téng	xīn xuè	xīn yǎn r
bright, smart, quick-witted	attitude (of the heart)	to love dearly, the pain of love	heart's blood	one's thoughts, mind, intention
brillant	*attitude*	*aimer*	*dépense*	*intention*

#4411 HSK6	#4412 HSK6	#4413 HSK6	#4414 HSK6	#4415 HSK6
新郎	新娘	欣慰	欣欣向荣	薪水
xīn láng	xīn niáng	xīn wèi	xīn xīn xiàng róng	xīn shuǐ
bridegroom, groom	bride	to be gratified	luxuriant growth (idiom)	salary, wage
jeune marié	*la mariée*	*être satisfait*	*prospère*	*un salaire*

#4416 HSK6	#4417 HSK6	#4418 HSK6	#4419 HSK6	#4420 HSK6
辛勤	信赖	信念	信仰	信誉
xīn qín	xìn lài	xìn niàn	xìn yǎng	xìn yù
hardworking, industrious	to trust, to have confidence in	faith, belief, conviction	to believe in (a religion)	prestige, distinction
industrieux	*faire confiance*	*Foi*	*conviction*	*prestige*

#4421 HSK6	#4422 HSK6	#4423 HSK6	#4424 HSK6	#4425 HSK6
兴高采烈	兴旺	腥	刑事	形态
xīng gāo cǎi liè	xīng wàng	xīng	xíng shì	xíng tài
happy and excited (idiom)	prosperous, thriving, to prosper	fishy (smell)	criminal, penal	shape, form, pattern, morphology
content	*prospère*	*de poisson*	*criminel*	*morphologie*

#4426 HSK6	#4427 HSK6	#4428 HSK6	#4429 HSK6	#4430 HSK6
行政	性感	性命	性能	凶恶
xíng zhèng	xìng gǎn	xìng mìng	xìng néng	xiōng è
administration, administrative	sex appeal, eroticism, sexuality	life	function, performance	fierce, ferocious, fiendish
administration	*érotisme*	*la vie*	*une fonction*	*féroce*

#4431 HSK6	#4432 HSK6	#4433 HSK6	#4434 HSK6	#4435 HSK6
凶手	汹涌	胸怀	胸膛	雄厚
xiōng shǒu	xiōng yǒng	xiōng huái	xiōng táng	xióng hòu
assailant, murderer, assassin	to surge up violently	one's bosom (the seat of emotions)	chest	strong and solid, rich (resources)
agresseur	*monter en flèche*	*Sein*	*poitrine*	*solide et solide*

#4436 HSK6	#4437 HSK6	#4438 HSK6	#4439 HSK6	#4440 HSK6
雄伟	修复	修建	修养	羞耻
xióng wěi	xiū fù	xiū jiàn	xiū yǎng	xiū chǐ
grand, imposing, magnificent	restoration	to build, to construct	accomplishment	(a feeling of) shame
magnifique	*restauration*	*construire*	*accomplissement*	*la honte*

#4441 HSK6	#4442 HSK6	#4443 HSK6	#4444 HSK6	#4445 HSK6
嗅觉	绣	虚假	虚荣	虚伪
xiù jué	xiù	xū jiǎ	xū róng	xū wěi
sense of smell	to embroider	false, phony, pretense	vanity	false, hypocritical, artificial
odorat	*Broder*	*prétexte*	*vanité*	*faux*

#4446 HSK6	#4447 HSK6	#4448 HSK6	#4449 HSK6	#4450 HSK6
需求	须知	许可	序言	畜牧
xū qiú	xū zhī	xǔ kě	xù yán	xù mù
requirement, demand (economics)	prerequisite	to allow, to permit	preface, introductory remarks	to raise animals
exigence	*prérequis*	*autoriser*	*préambule*	*élever des animaux*

#4451 HSK6	#4452 HSK6	#4453 HSK6	#4454 HSK6	#4455 HSK6
酗酒	喧哗	宣誓	宣扬	悬挂
xù jiǔ	xuān huá	xuān shì	xuān yáng	xuán guà
heavy drinking, to get drunk	hubbub, clamor, to make a racket,	to swear an oath (of office)	to proclaim	to suspend, to hang
se soûler	*brouhaha*	*jurer*	*proclamer*	*Suspendre*

#4456 HSK6	#4457 HSK6	#4458 HSK6	#4459 HSK6	#4460 HSK6
悬念	悬殊	悬崖峭壁	旋律	旋转
xuán niàn	xuán shū	xuán yá qiào bì	xuán lv4	xuán zhuǎn
concern for sb's welfare	a wide gap, big contrast	cliffside	melody, rhythm	to rotate, to revolve
préoccupation	*un décalage*	*à flanc de falaise*	*mélodie*	*Faire tourner*

#4461 HSK6	#4462 HSK6	#4463 HSK6	#4464 HSK6	#4465 HSK6
选拔	选举	选手	炫耀	削
xuǎn bá	xuǎn jǔ	xuǎn shǒu	xuàn yào	xuē
to select the best	to elect, election, CL:次,个	contestant, athlete	to show off, to flaunt	to peel with a knife, to pare
pour sélectionner	*élire*	*athlète*	*faire étalage*	*éplucher*

#4466 HSK6	#4467 HSK6	#4468 HSK6	#4469 HSK6	#4470 HSK6
削弱	学说	学位	血压	熏陶
xuē ruò	xué shuō	xué wèi	xuè yā	xūn táo
to weaken	theory, doctrine	academic degree	blood pressure	nurturing
affaiblir	*doctrine*	*diplôme universitaire*	*pression artérielle*	*nourrir*

#4471 HSK6	#4472 HSK6	#4473 HSK6	#4474 HSK6	#4475 HSK6
寻觅	巡逻	循环	循序渐进	压迫
xún mì	xún luó	xún huán	xún xù jiàn jìn	yā pò
to look for	to patrol (police, army or navy)	to cycle, to circulate, circle	in sequence, step by step (idiom)	to oppress, to repress
chercher	*patrouiller*	*faire du vélo*	*en séquence*	*Oppresser*

#4476 HSK6	#4477 HSK6	#4478 HSK6	#4479 HSK6	#4480 HSK6
压缩	压抑	压榨	压制	亚军
yā suō	yā yì	yā zhà	yā zhì	yà jūn
to compress, compression	to constrain or repress emotions	to press, to squeeze	to suppress, to inhibit, to stifle	second place (in a sports contest)
compresser	*pour contraindre*	*appuyer*	*supprimer*	*finaliste*

#4481 HSK6	#4482 HSK6	#4483 HSK6	#4484 HSK6	#4485 HSK6
淹没 yān mò to submerge, to drown, to flood *submerger*	烟花爆竹 yān huā bào zhú fireworks and crackers *feux d'artifice*	严峻 yán jùn grim, severe, rigorous *sinistre*	严寒 yán hán bitter cold, severe winter *froid mordant*	严禁 yán jìn strictly prohibit *interdire*
#4486 HSK6	#4487 HSK6	#4488 HSK6	#4489 HSK6	#4490 HSK6
严厉 yán lì severe, strict *sévère*	严密 yán mì strict, tight *strict*	岩石 yán shí rock *Roche*	延期 yán qī to delay, to extend, to postpone *retarder*	延伸 yán shēn to extend, to spread *étendre*
#4491 HSK6	#4492 HSK6	#4493 HSK6	#4494 HSK6	#4495 HSK6
延续 yán xù to continue, to go on, to last *continuer*	沿海 yán hǎi coastal *côtier*	炎热 yán rè blistering hot, sizzling hot *brûlant*	言论 yán lùn speech, expression of opinion *discours*	掩盖 yǎn gài to conceal, to hide behind *cacher*
#4496 HSK6	#4497 HSK6	#4498 HSK6	#4499 HSK6	#4500 HSK6
掩护 yǎn hù to screen, to shield, to cover *à l'écran*	掩饰 yǎn shì to conceal a fault, to gloss over *passer sous silence*	演变 yǎn biàn to develop, to evolve *évoluer*	演习 yǎn xí to put on a play, to act *exercice*	演绎 yǎn yì to deduce, to infer *déduire*

#4501 HSK6	#4502 HSK6	#4503 HSK6	#4504 HSK6	#4505 HSK6
演奏	眼光	眼色	眼神	厌恶
yǎn zòu	yǎn guāng	yǎn sè	yǎn shén	yàn wù
to play a musical instrument	vision	a wink, to signal with one's eyes	expression	to loath, to hate
jouer de la musique	*vision*	*un clin d'oeil*	*expression*	*détester*

#4506 HSK6	#4507 HSK6	#4508 HSK6	#4509 HSK6	#4510 HSK6
验证	氧气	样品	摇摆	摇滚
yàn zhèng	yǎng qì	yàng pǐn	yáo bǎi	yáo gǔn
to inspect and verify	oxygen	sample, specimen	to waver, swaying	rock and roll (music)
inspecter	*oxygène*	*échantillon*	*vaciller*	*rock and roll*

#4511 HSK6	#4512 HSK6	#4513 HSK6	#4514 HSK6	#4515 HSK6
谣言	遥控	遥远	耀眼	要点
yáo yán	yáo kòng	yáo yuǎn	yào yǎn	yào diǎn
rumor	remote control	distant, remote	to dazzle, dazzling	main point, essential
rumeur	*télécommande*	*loin*	*éblouir*	*essentiel*

#4516 HSK6	#4517 HSK6	#4518 HSK6	#4519 HSK6	#4520 HSK6
要命	要素	野蛮	野心	液体
yào mìng	yào sù	yě mán	yě xīn	yè tǐ
to cause sb's death, very	essential factor, key constituent	barbarous, uncivilized	ambition, wild schemes, careerism	liquid
effrayant	*facteur*	*barbare*	*ambition*	*liquide*

#4521 HSK6	#4522 HSK6	#4523 HSK6	#4524 HSK6	#4525 HSK6
一流	一如既往	依旧	依据	依靠
yī liú	yī rú jì wǎng	yī jiù	yī jù	yī kào
top quality, front ranking	just as in the past (idiom)	as before, still	according to, basis, foundation	to rely on sth (for support etc)
qualité supérieure	comme avant	encore	base	se reposer sur

#4526 HSK6	#4527 HSK6	#4528 HSK6	#4529 HSK6	#4530 HSK6
依赖	依托	衣裳	一度	一贯
yī lài	yī tuō	yī shang	yí dù	yí guàn
to depend on, to be dependent on	to rely on, to depend on	clothes	for a time, at one time	consistent, constant
dépendre de	dépendre de	vêtements	une fois que	cohérent

#4531 HSK6	#4532 HSK6	#4533 HSK6	#4534 HSK6	#4535 HSK6
一向	仪器	仪式	疑惑	遗产
yí xiàng	yí qì	yí shì	yí huò	yí chǎn
all along, the whole time	instrument, apparatus, CL:台	ceremony	to doubt, to distrust, unconvincing	heritage, legacy, inheritance
tout au long	instrument	la cérémonie	douter	patrimoine

#4536 HSK6	#4537 HSK6	#4538 HSK6	#4539 HSK6	#4540 HSK6
遗传	遗留	遗失	以便	以免
yí chuán	yí liú	yí shī	yǐ biàn	yǐ miǎn
heredity, inheritance, to transmit	(leave or be a) legacy, left over	to lose, lost	so that, so as to, in order to	in order to avoid, so as not to
hérédité	héritage	perdu	pour que	éviter

#4541 HSK6	#4542 HSK6	#4543 HSK6	#4544 HSK6	#4545 HSK6
以往 yǐ wǎng in the past, formerly *Auparavant*	以至 yǐ zhì to such an extent as to *jusqu'à*	以致 yǐ zhì to such an extent as to *Jusqu'à*	亦 yì also *aussi*	异常 yì cháng exceptional, abnormal, an anomaly *exceptionnel*

#4546 HSK6	#4547 HSK6	#4548 HSK6	#4549 HSK6	#4550 HSK6
意料 yì liào to anticipate, to expect *anticiper*	意识 yì shí consciousness, awareness *la conscience*	意图 yì tú intent, intention, intend *intention*	意味着 yì wèi zhe to signify, to mean, to imply *signifier*	意向 yì xiàng disposition *disposition*

#4551 HSK6	#4552 HSK6	#4553 HSK6	#4554 HSK6	#4555 HSK6
意志 yì zhì will, willpower, determination *volonté*	毅力 yì lì perseverance, willpower *persévérance*	毅然 yì rán firmly, resolutely *fermement*	翼 yì wing *aile*	阴谋 yīn móu plot, conspiracy *terrain*

#4556 HSK6	#4557 HSK6	#4558 HSK6	#4559 HSK6	#4560 HSK6
音响 yīn xiǎng speakers or speaker (electronic) *haut-parleurs*	引导 yǐn dǎo to guide, to lead *guider*	引擎 yǐn qíng engine (transliteration) *moteur*	引用 yǐn yòng to quote, to cite *citer*	隐蔽 yǐn bì to conceal, to hide, covert *cacher*

#4561 HSK6	#4562 HSK6	#4563 HSK6	#4564 HSK6	#4565 HSK6
隐患	隐瞒	隐私	隐约	饮食
yǐn huàn	yǐn mán	yǐn sī	yǐn yuē	yǐn shí
a danger concealed within sth	to conceal, to hide	something one hopes to conceal	vague, faint, indistinct	food and drink
caché	*cacher*	*les secrets*	*vague*	*Nourriture et boisson*

#4566 HSK6	#4567 HSK6	#4568 HSK6	#4569 HSK6	#4570 HSK6
婴儿	英明	英勇	盈利	迎面
yīng ér	yīng míng	yīng yǒng	yíng lì	yíng miàn
infant, baby, CL:个, lead (Pb)	wise, brilliant	bravery, gallant, valiant	profit, gain	directly, head-on (collision)
bébé	*sage*	*bravoure*	*Gain*	*directement*

#4571 HSK6	#4572 HSK6	#4573 HSK6	#4574 HSK6	#4575 HSK6
应酬	应邀	庸俗	拥护	拥有
yìng chou	yìng yāo	yōng sú	yōng hù	yōng yǒu
social niceties, social interaction	at sb's invitation, on invitation	filthy, vulgar, debased	to endorse, to support	to have, to possess
subtilités sociales	*sur invitation*	*crasseux*	*à approuver*	*posséder*

#4576 HSK6	#4577 HSK6	#4578 HSK6	#4579 HSK6	#4580 HSK6
勇于	永恒	涌现	踊跃	用户
yǒng yú	yǒng héng	yǒng xiàn	yǒng yuè	yòng hù
to dare to, to be brave enough to	eternal, everlasting	to emerge in large numbers	to leap, to jump, eager	user, consumer, subscriber
oser	*éternel*	*surgir*	*bondir*	*abonné*

#4581 HSK6	#4582 HSK6	#4583 HSK6	#4584 HSK6	#4585 HSK6
优胜劣汰	优先	优异	优越	忧郁
yōu shèng liè tài	yōu xiān	yōu yì	yōu yuè	yōu yù
survival of the fittest	priority	exceptional, outstandingly good	superior, superiority	sullen, depressed, melancholy
survie	*priorité*	*exceptionnel*	*supérieur*	*renfrogné*

#4586 HSK6	#4587 HSK6	#4588 HSK6	#4589 HSK6	#4590 HSK6
油腻	油漆	犹如	有条不紊	幼稚
yóu nì	yóu qī	yóu rú	yǒu tiáo bù wěn	yòu zhì
grease, greasy food, oily	oil paints, lacquer, to paint	similar to, appearing to be	regular and thorough (idiom)	young, childish, naive
graisse	*laque*	*semblable à*	*arrangé méthodiquement*	*puéril*

#4591 HSK6	#4592 HSK6	#4593 HSK6	#4594 HSK6	#4595 HSK6
诱惑	愚蠢	愚昧	渔民	舆论
yòu huò	yú chǔn	yú mèi	yú mín	yú lùn
to entice, to lure, to induce	silly, stupid	ignorant, uneducated	fisherman, fisher folk	public opinion
séduire	*stupide*	*ignorant*	*pêcheur*	*opinion publique*

#4596 HSK6	#4597 HSK6	#4598 HSK6	#4599 HSK6	#4600 HSK6
与日俱增	宇宙	羽绒服	寓言	愈
yǔ rì jù zēng	yǔ zhòu	yǔ róng fú	yù yán	yù
to grow with each passing day	universe, cosmos	down garment	fable, CL:则	heal, the more...the more
augmenter	*cosmos*	*vêtement en duvet*	*fable*	*mieux*

#4601 HSK6	#4602 HSK6	#4603 HSK6	#4604 HSK6	#4605 HSK6
欲望	熨	玉	预料	预期
yù wàng	yù	yù	yù liào	yù qī
desire, longing, appetite, craving	reconciled, smooth	jade	to forecast, to anticipate	expect, expected
le désir	*lisse*	*jade*	*Prévoir*	*attendre*

#4606 HSK6	#4607 HSK6	#4608 HSK6	#4609 HSK6	#4610 HSK6
预算	预先	预言	预兆	冤枉
yù suàn	yù xiān	yù yán	yù zhào	yuān wang
budget	beforehand, prior	to predict, prophecy	omen, prognosis (in medicine)	hatred, injustice, bad luck
budget	*préalablement*	*prédire*	*présage*	*injustice*

#4611 HSK6	#4612 HSK6	#4613 HSK6	#4614 HSK6	#4615 HSK6
元首	元素	元宵节	原告	原理
yuán shǒu	yuán sù	yuán xiāo jié	yuán gào	yuán lǐ
head of state	element, element of a set	Lantern festival	complainant, plaintiff	principle, theory
chef d'état	*élément*	*Festival de printemps*	*plaignant*	*principe*

#4616 HSK6	#4617 HSK6	#4618 HSK6	#4619 HSK6	#4620 HSK6
原始	原先	园林	圆满	源泉
yuán shǐ	yuán xiān	yuán lín	yuán mǎn	yuán quán
first, original, primitive	former, original	gardens, park, landscape garden	satisfactory	well-spring, water source
premier	*ancien*	*jardins*	*satisfaisant*	*source*

#4621 HSK6	#4622 HSK6	#4623 HSK6	#4624 HSK6	#4625 HSK6
缘故	约束	乐谱	岳母	孕育
yuán gù	yuē shù	yuè pǔ	yuè mǔ	yùn yù
reason, cause	to restrict, to limit to	a musical score, sheet music	wife's mother, mother-in-law,	to be pregnant
raison	restreindre	une partition musicale	belle-mère	Enceinte

#4626 HSK6	#4627 HSK6	#4628 HSK6	#4629 HSK6	#4630 HSK6
蕴藏	运算	运行	酝酿	杂技
yùn cáng	yùn suàn	yùn xíng	yùn niàng	zá jì
to hold in store, to contain	(mathematical) operation	be in motion, to move, to run	(of alcohol) to ferment	acrobatics, CL:场
contenir	opération	bouger	fermenter	acrobaties

#4631 HSK6	#4632 HSK6	#4633 HSK6	#4634 HSK6	#4635 HSK6
杂交	砸	咋	栽培	灾难
zá jiāo	zá	ză	zāi péi	zāi nàn
a hybrid	smash, smashed, to fail	(dialect) why, how, what	to grow, to cultivate	disaster, catastrophe
un hybride	fracasser	Pourquoi, Comment, quoi	cultiver	catastrophe

#4636 HSK6	#4637 HSK6	#4638 HSK6	#4639 HSK6	#4640 HSK6
宰	再接再厉	在意	攒	暂且
zǎi	zài jiē zài lì	zài yì	zǎn	zàn qiě
to slaughter livestock	to continue the struggle (idiom)	to care about, to mind	to accumulate, to amass, to hoard	for now, for the time being
Gouverner	persister	à l'esprit	accumuler	temporairement

#4641 HSK6	#4642 HSK6	#4643 HSK6	#4644 HSK6	#4645 HSK6
赞叹	赞助	糟蹋	遭受	遭殃
zàn tàn	zàn zhù	zāo tà	zāo shòu	zāo yāng
to sigh or gasp in admiration	to support, to assist, sponsor	to waste, to wreck, to despoil	to suffer, to sustain	to suffer a calamity
Soupirer	soutenir	gaspiller	soutenir	souffrir

#4646 HSK6	#4647 HSK6	#4648 HSK6	#4649 HSK6	#4650 HSK6
遭遇	噪音	造型	责怪	贼
zāo yù	zào yīn	zào xíng	zé guài	zéi
to meet with, to encounter	rumble, noise, static	modeling, molding	to blame, to rebuke	thief, wily, deceitful
rencontrer	gronder	la modélisation	reprocher	voleur

#4651 HSK6	#4652 HSK6	#4653 HSK6	#4654 HSK6	#4655 HSK6
增添	赠送	扎	扎实	渣
zēng tiān	zèng sòng	zhā	zhā shi	zhā
add to, increase	give as a present	to prick, to run or stick	strong, solid, sturdy, firm	slag (in mining or smelting), dregs
augmenter	cadeau	piquer	fort	lie

#4656 HSK6	#4657 HSK6	#4658 HSK6	#4659 HSK6	#4660 HSK6
眨	诈骗	摘要	债券	沾光
zhǎ	zhà piàn	zhāi yào	zhài quàn	zhān guāng
wink	to defraud, to swindle	summary, abstract	bond, debenture	to bask in the light
clin d'œil	frauder	sommaire	débenture	gloire reflétée

#4661 HSK6	#4662 HSK6	#4663 HSK6	#4664 HSK6	#4665 HSK6
瞻仰	展示	展望	展现	崭新
zhān yǎng	zhǎn shì	zhǎn wàng	zhǎn xiàn	zhǎn xīn
to revere, to admire	to reveal, to display, to show	outlook, prospect, to look ahead	to come out, to emerge	brand new
admirer	révéler	perspective	émerger	tout neuf

#4666 HSK6	#4667 HSK6	#4668 HSK6	#4669 HSK6	#4670 HSK6
占据	占领	战斗	战略	战术
zhàn jù	zhàn lǐng	zhàn dòu	zhàn lvè	zhàn shù
to occupy, to hold	to occupy (a territory), to hold	to fight, to battle	strategy	tactics
tenir	occuper	combattre	stratégie	tactique

#4671 HSK6	#4672 HSK6	#4673 HSK6	#4674 HSK6	#4675 HSK6
战役	章程	帐篷	障碍	招标
zhàn yì	zhāng chéng	zhàng peng	zhàng ài	zhāo biāo
military campaign	rules, regulations, constitution	tent, CL:顶,座	barrier, obstruction, hindrance	to invite bids,
campagne militaire	règles	tente	barrière	enchères

#4676 HSK6	#4677 HSK6	#4678 HSK6	#4679 HSK6	#4680 HSK6
招收	朝气蓬勃	着迷	沼泽	照样
zhāo shōu	zhāo qì péng bó	zháo mí	zhǎo zé	zhào yàng
to hire, to recruit	full of youthful energy (idiom)	to be fascinated, to be captivated	marsh, swamp, wetlands, glade	as before, (same) as usual
engager	énergique	être fasciné	le marais	comme d'habitude

#4681 HSK6	#4682 HSK6	#4683 HSK6	#4684 HSK6	#4685 HSK6
照耀	折腾	遮挡	折	折磨
zhào yào	zhē teng	zhē dǎng	zhé	zhé mó
shine, illuminate	to toss from side to side	to shelter from, to keep out	to break, to snap, to turn	to persecute, to torment
éclat	lancer	se tenir à l'écart	casser	persécuter

#4686 HSK6	#4687 HSK6	#4688 HSK6	#4689 HSK6	#4690 HSK6
侦探	斟酌	珍贵	珍稀	珍珠
zhēn tàn	zhēn zhuó	zhēn guì	zhēn xī	zhēn zhū
detective, to do detective work	to consider, to deliberate	precious	rare, precious and uncommon	pearl
détective	à envisager	précieux	rare	perle

#4691 HSK6	#4692 HSK6	#4693 HSK6	#4694 HSK6	#4695 HSK6
真理	真相	真挚	枕头	振奋
zhēn lǐ	zhēn xiàng	zhēn zhì	zhěn tou	zhèn fèn
truth, CL:个	the truth about sth	sincere, sincerity	pillow	to stir oneself up
vérité	la vérité	sincère	oreiller	inspirer

#4696 HSK6	#4697 HSK6	#4698 HSK6	#4699 HSK6	#4700 HSK6
振兴	镇定	镇静	阵地	阵容
zhèn xīng	zhèn dìng	zhèn jìng	zhèn dì	zhèn róng
to revive, to revitalize	calm, unperturbed, cool	calm, cool	position, front	troop arrangement, battle formation
faire revivre	calme	cool	de face	s'aligner

#4701 HSK6	#4702 HSK6	#4703 HSK6	#4704 HSK6	#4705 HSK6
震撼	震惊	争端	争夺	争气
zhèn hàn	zhèn jīng	zhēng duān	zhēng duó	zhēng qì
to shake, to vibrate, to shock	to shock, to astonish	dispute, controversy, conflict	fight over, contest, vie over	to work hard for sth
secouer	*choquer*	*contestation*	*concours*	*travailler dur*

#4706 HSK6	#4707 HSK6	#4708 HSK6	#4709 HSK6	#4710 HSK6
争议	征服	征收	挣扎	正月
zhēng yì	zhēng fú	zhēng shōu	zhēng zhá	zhēng yuè
controversy, dispute	conquer, subdue, vanquish	to levy (a fine), to impose	to struggle, struggling	first month of the lunar year
controverse	*conquérir*	*prélever*	*lutter*	*premier mois de l'année lunaire*

#4711 HSK6	#4712 HSK6	#4713 HSK6	#4714 HSK6	#4715 HSK6
蒸发	整顿	政策	政权	正当
zhēng fā	zhěng dùn	zhèng cè	zhèng quán	zhèng dāng
to evaporate, evaporation	to tidy up, to reorganize	policy, CL:个	regime, (wield) political power	honest, reasonable, fair
Évaporer	*ranger*	*politique*	*régime*	*honnête*

#4716 HSK6	#4717 HSK6	#4718 HSK6	#4719 HSK6	#4720 HSK6
正负	正规	正经	正气	正义
zhèng fù	zhèng guī	zhèng jing	zhèng qì	zhèng yì
positive and negative	regular, according to standards	decent, honorable, proper, serious	healthy environment	justice, righteous, righteousness
positif et négatif	*ordinaire*	*décent*	*atmosphère*	*Justice*

#4721 HSK6	#4722 HSK6	#4723 HSK6	#4724 HSK6	#4725 HSK6
正宗 zhèng zōng orthodox school *authentique*	症状 zhèng zhuàng symptom (of an illness) *symptôme*	证实 zhèng shí to confirm (sth to be true) *confirmer*	证书 zhèng shū credentials, certificate *certificat*	郑重 zhèng zhòng serious *sérieux*

#4726 HSK6	#4727 HSK6	#4728 HSK6	#4729 HSK6	#4730 HSK6
之际 zhī jì during, at the time of, *pendant*	支撑 zhī chēng to prop up, to support, strut *soutenir*	支出 zhī chū to spend, to pay out, expense *dépenser*	支流 zhī liú tributary (river) *affluent*	支配 zhī pèi to dominate, to allocate *dominer*

#4731 HSK6	#4732 HSK6	#4733 HSK6	#4734 HSK6	#4735 HSK6
支援 zhī yuán to provide assistance *soutenir*	支柱 zhī zhù mainstay, pillar, prop, backbone *pilier*	枝 zhī branch, classifier for sticks *branche*	知觉 zhī jué perception, consciousness *la perception*	脂肪 zhī fáng body fat *graisse corporelle*

#4736 HSK6	#4737 HSK6	#4738 HSK6	#4739 HSK6	#4740 HSK6
侄子 zhí zi brother's son, nephew *neveu*	值班 zhí bān to work a shift, on duty *en service*	执行 zhí xíng implement, carry out *mettre en place*	执着 zhí zhuó attachment, stubborn *têtu*	殖民地 zhí mín dì colony *colonie*

#4741 HSK6	#4742 HSK6	#4743 HSK6	#4744 HSK6	#4745 HSK6
直播	**直径**	**职能**	**职位**	**职务**
zhí bō	zhí jìng	zhí néng	zhí wèi	zhí wù
live broadcast (not recorded)	diameter	function, role	post, office, position	post, position, job, duties
diffusion en direct	*diamètre*	*rôle*	*Bureau*	*position*

#4746 HSK6	#4747 HSK6	#4748 HSK6	#4749 HSK6	#4750 HSK6
指标	**指定**	**指甲**	**指令**	**指南针**
zhǐ biāo	zhǐ dìng	zhǐ jia	zhǐ lìng	zhǐ nán zhēn
norm, index, target	to appoint, to assign, designated	fingernail	order, command, instruction	compass
cible	*nommer*	*ongle de main*	*instruction*	*boussole*

#4751 HSK6	#4752 HSK6	#4753 HSK6	#4754 HSK6	#4755 HSK6
指示	**指望**	**指责**	**制裁**	**制服**
zhǐ shì	zhǐ wàng	zhǐ zé	zhì cái	zhì fú
to point out, to indicate	to hope for sth, to count on, hope	to criticize, to find fault with	to punish, punishment	to subdue, to check
indiquer	*espérer*	*critiquer*	*punir*	*soumettre*

#4756 HSK6	#4757 HSK6	#4758 HSK6	#4759 HSK6	#4760 HSK6
制约	**制止**	**志气**	**智力**	**智能**
zhì yuē	zhì zhǐ	zhì qì	zhì lì	zhì néng
to restrict, condition	to curb, to put a stop to	ambition, resolve, backbone	intelligence, intellect	intelligent, able
restreindre	*pour freiner*	*ambition*	*intelligence*	*intelligent*

#4761 HSK6	#4762 HSK6	#4763 HSK6	#4764 HSK6	#4765 HSK6
智商	**治安**	**治理**	**滞留**	**致辞**
zhì shāng	zhì ān	zhì lǐ	zhì liú	zhì cí
IQ (intelligence quotient)	law and order, public security	to govern, to administer	to detain, retention	to express in words or writing
quotient intellectuel	sécurité publique	Gouverner	détenir	exprimer

#4766 HSK6	#4767 HSK6	#4768 HSK6	#4769 HSK6	#4770 HSK6
致力	**致使**	**中断**	**中立**	**中央**
zhì lì	zhì shǐ	zhōng duàn	zhōng lì	zhōng yāng
to work for	to cause, to result in	to cut short, to break off	neutral	central, middle, center
travailler pour	provoquer	interrompre	neutre	central

#4771 HSK6	#4772 HSK6	#4773 HSK6	#4774 HSK6	#4775 HSK6
忠诚	**忠实**	**终点**	**终究**	**终身**
zhōng chéng	zhōng shí	zhōng diǎn	zhōng jiū	zhōng shēn
devoted, fidelity, loyal, loyalty	faithful	the end, end point	in the end	lifelong, all one's life, marriage
dévoué	fidèle	la fin	à la fin	mariage

#4776 HSK6	#4777 HSK6	#4778 HSK6	#4779 HSK6	#4780 HSK6
终止	**衷心**	**种子**	**种族**	**肿瘤**
zhōng zhǐ	zhōng xīn	zhǒng zi	zhǒng zú	zhǒng liú
to stop, to terminate (law)	heartfelt, wholehearted, cordial	seed, CL:颗,粒	race, ethnicity	tumor
arrêter	cordial	la graine	course	tumeur

#4781 HSK6	#4782 HSK6	#4783 HSK6	#4784 HSK6	#4785 HSK6
种植 zhòng zhí to plant, to grow *planter*	重心 zhòng xīn center of gravity, central core *partie principale*	周边 zhōu biān periphery, rim *périphérie*	周密 zhōu mì careful, thorough *prudent*	周年 zhōu nián anniversary, annual *annuel*

#4786 HSK6	#4787 HSK6	#4788 HSK6	#4789 HSK6	#4790 HSK6
周期 zhōu qī period, cycle *cycle*	周折 zhōu zhé complication, setback *complication*	周转 zhōu zhuǎn turnover (in cash or personnel) *rotation*	州 zhōu prefecture, state (e.g. of US) *Préfecture*	粥 zhōu porridge (of rice or millet) *bouillie*

#4791 HSK6	#4792 HSK6	#4793 HSK6	#4794 HSK6	#4795 HSK6
舟 zhōu boat *bateau*	昼夜 zhòu yè day and night, continuously *en continu*	皱纹 zhòu wén wrinkle, CL:道 *ride*	株 zhū tree trunk, stump (tree root) *souche*	诸位 zhū wèi (pron) everyone *toutes les personnes*

#4796 HSK6	#4797 HSK6	#4798 HSK6	#4799 HSK6	#4800 HSK6
逐年 zhú nián year after year, over the years *année après année*	主办 zhǔ bàn to organize, to host *organiser*	主导 zhǔ dǎo to lead, to manage *mener*	主管 zhǔ guǎn in charge, responsible for *responsable de*	主流 zhǔ liú main stream (of a river) *courant dominant*

#4801 HSK6	#4802 HSK6	#4803 HSK6	#4804 HSK6	#4805 HSK6
主权	主义	嘱咐	拄	住宅
zhǔ quán	zhǔ yì	zhǔ fù	zhǔ	zhù zhái
sovereignty	doctrine, ideology, -ism	to tell, to exhort, injunction	to lean on, to prop on	residence, tenement
la souveraineté	*doctrine*	*dire*	*s'incliner*	*immeuble*

#4806 HSK6	#4807 HSK6	#4808 HSK6	#4809 HSK6	#4810 HSK6
助理	助手	注射	注视	注释
zhù lǐ	zhù shǒu	zhù shè	zhù shì	zhù shì
assistant	assistant, helper	injection, to inject	to watch attentively, to gaze	marginal notes, annotation
assistant	*assistant*	*injection*	*à regarder*	*annotation*

#4811 HSK6	#4812 HSK6	#4813 HSK6	#4814 HSK6	#4815 HSK6
注重	著作	铸造	驻扎	拽
zhù zhòng	zhù zuò	zhù zào	zhù zhā	zhuài
to pay attention to, to emphasize	to write, literary work, book	to cast (pour metal into a mold)	to station, to garrison (troops)	to drag, to haul
souligner	*écrire*	*lancer*	*à la gare*	*transporter*

#4816 HSK6	#4817 HSK6	#4818 HSK6	#4819 HSK6	#4820 HSK6
专长	专程	专利	专题	砖
zhuān cháng	zhuān chéng	zhuān lì	zhuān tí	zhuān
special knowledge or ability	special-purpose trip	patent	special topic	brick, CL:块|块,
spécialité	*voyage*	*brevet*	*sujet spécial*	*brique*

#4821 HSK6	#4822 HSK6	#4823 HSK6	#4824 HSK6	#4825 HSK6
转达	转让	转移	转折	传记
zhuǎn dá	zhuǎn ràng	zhuǎn yí	zhuǎn zhé	zhuàn jì
to pass on, to convey	transfer (technology, goods etc)	to shift, to divert	shift in the trend of events	biography, CL:篇,部
transmettre	*transfert*	*divertir*	*décalage*	*Biographie*

#4826 HSK6	#4827 HSK6	#4828 HSK6	#4829 HSK6	#4830 HSK6
庄稼	庄严	庄重	装备	装卸
zhuāng jià	zhuāng yán	zhuāng zhòng	zhuāng bèi	zhuāng xiè
farm crop, CL:種|种,	stately	grave, solemn, dignified	equipment, to equip, to outfit	to load or unload, to transfer
récolte agricole	*majestueux*	*la tombe*	*équipement*	*transférer*

#4831 HSK6	#4832 HSK6	#4833 HSK6	#4834 HSK6	#4835 HSK6
壮观	壮丽	壮烈	幢	追悼
zhuàng guān	zhuàng lì	zhuàng liè	zhuàng	zhuī dào
spectacular, magnificent sight	magnificence, magnificent	brave, heroic	tents, classifier for houses	mourning, memorial (service etc)
spectaculaire	*magnificence*	*héroïque*	*tentes*	*deuil*

#4836 HSK6	#4837 HSK6	#4838 HSK6	#4839 HSK6	#4840 HSK6
追究	坠	准则	卓越	琢磨
zhuī jiū	zhuì	zhǔn zé	zhuó yuè	zhuó mó
investigate, look into	to fall, to drop, to weigh down	norm, standard, criterion	distinction, excellence	to think over, to ponder
enquêter	*laisser tomber*	*norme*	*distinction*	*à méditer*

#4841 HSK6	#4842 HSK6	#4843 HSK6	#4844 HSK6	#4845 HSK6
着手	着想	着重	姿态	滋润
zhuó shǒu	zhuó xiǎng	zhuó zhòng	zī tài	zī rùn
to put one's hand to it	to give thought (to others)	put emphasis on, to stress	attitude, posture, stance	moist, humid, to moisten
à définir	à envisager	souligner	attitude	humide

#4846 HSK6	#4847 HSK6	#4848 HSK6	#4849 HSK6	#4850 HSK6
滋味	资本	资产	资深	资助
zī wèi	zī běn	zī chǎn	zī shēn	zī zhù
taste, flavor, feeling	capital (as in capitalism)	property, assets	senior	to subsidize, subsidy
goût	Capitale	propriété	Sénior	subventionner

#4851 HSK6	#4852 HSK6	#4853 HSK6	#4854 HSK6	#4855 HSK6
子弹	自卑	自发	自满	自主
zǐ dàn	zì bēi	zì fā	zì mǎn	zì zhǔ
bullet, CL:粒,颗,发	feeling inferior, self-abased	spontaneous	complacent, self-satisfied	to act for oneself, autonomous
balle	inférieur	spontané	complaisant	autonome

#4856 HSK6	#4857 HSK6	#4858 HSK6	#4859 HSK6	#4860 HSK6
宗教	宗旨	棕色	踪迹	总而言之
zōng jiào	zōng zhǐ	zōng sè	zōng jì	zōng ér yán zhī
religion	objective, aim, goal	brown	tracks, trail, footprint	in short, in a word, in brief
religion	objectif	marron	vestige	en bref

#4861 HSK6	#4862 HSK6	#4863 HSK6	#4864 HSK6	#4865 HSK6
总和	走廊	走漏	走私	揍
zǒng hé	zǒu láng	zǒu lòu	zǒu sī	zòu
sum	corridor, aisle, hallway	to leak , to divulge	to have an illicit affair	to beat up, to break to pieces
somme	*couloir*	*couler*	*à la contrebande*	*battre*

#4866 HSK6	#4867 HSK6	#4868 HSK6	#4869 HSK6	#4870 HSK6
租赁	足以	祖父	祖国	祖先
zū lìn	zú yǐ	zǔ fù	zǔ guó	zǔ xiān
to rent, to lease, to hire	sufficient to..., so much so that	paternal grandfather	ancestral land CL:个	ancestor, forebears
louer	*pour que*	*grand-père*	*patrie*	*ancêtre*

#4871 HSK6	#4872 HSK6	#4873 HSK6	#4874 HSK6	#4875 HSK6
阻碍	阻拦	阻挠	钻研	钻石
zǔ ài	zǔ lán	zǔ náo	zuān yán	zuàn shí
to obstruct, to hinder, to block	to stop, to obstruct	to thwart, to obstruct (sth)	to study meticulously	diamond, CL:颗
gêner	*arrêter*	*déjouer*	*étudier*	*diamant*

#4876 HSK6	#4877 HSK6	#4878 HSK6	#4879 HSK6	#4880 HSK6
嘴唇	罪犯	尊严	遵循	作弊
zuǐ chún	zuì fàn	zūn yán	zūn xún	zuò bì
lip, CL:片	criminal	dignity, sanctity, honor, majesty	to follow, to abide by	to practice fraud, to cheat
lèvre	*criminel*	*dignité*	*suivre*	*tricher*

#4881 HSK6	#4882 HSK6	#4883 HSK6	#4884 HSK6	#4885 HSK6
作废 zuò fèi to become invalid, to cancel *invalide*	作风 zuò fēng style of work, way, style *style*	作息 zuò xī work and rest *travailler et se reposer*	做主 zuò zhǔ make the decision, take charge of *sauvegarder*	座右铭 zuò yòu míng motto, maxim *devise*

Printed in France by Amazon
Brétigny-sur-Orge, FR

15127055R00138